神モチベーション

「やる気」しだいで人生は思い通り

GOD MOTIVATION

Life is as you want,
depending on your "motivation"

星渉
WATARU HOSHI

SB Creative

CHECK!!

あなたのモチベーションタイプを「4つの質問」で診断します!!

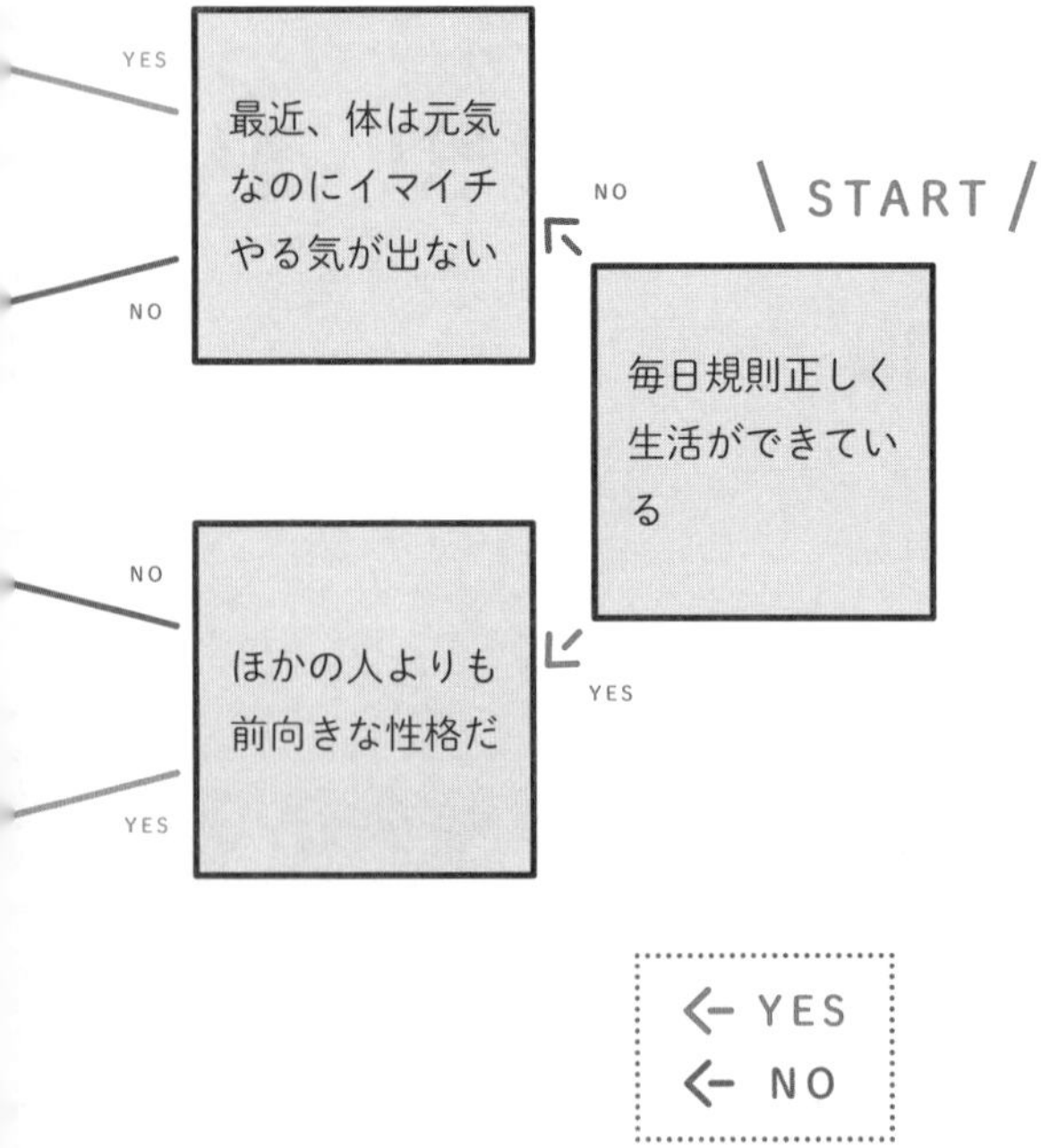
START
毎日規則正しく生活ができている
NO
最近、体は元気なのにイマイチやる気が出ない
YES
NO
YES
ほかの人よりも前向きな性格だ
NO
YES
YES
NO

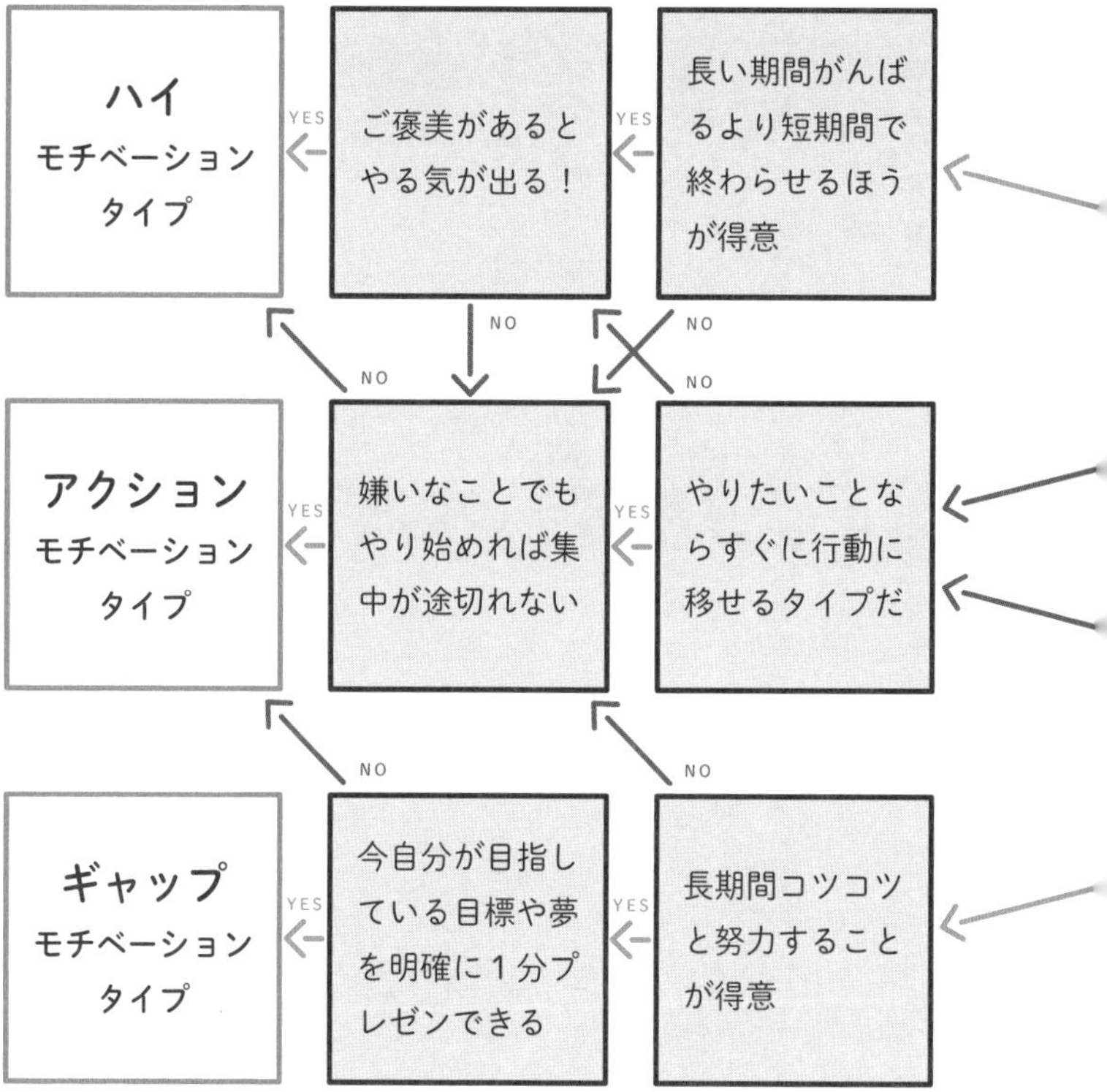

長い期間がんばるより短期間で終わらせるほうが得意
YES
ご褒美があるとやる気が出る！
YES
ハイ
モチベーションタイプ
NO
NO
NO
NO
やりたいことならすぐに行動に移せるタイプだ
YES
嫌いなことでもやり始めれば集中が途切れない
YES
アクション
モチベーションタイプ
NO
NO
長期間コツコツと努力することが得意
YES
今自分が目指している目標や夢を明確に1分プレゼンできる
YES
ギャップ
モチベーションタイプ

はじめに

「やる気」が出なくても悩む必要なんてない

あまり大きな声では言えないのですが、
「やる気を出せ」と言う人に、じつは聞いてみたいことが秘《ひそ》かにあるんです。
内緒にしてくださいね。
本当に「やる気を出せ」という言葉で、
相手はやる気を出すと思っていますか？　と。

じつはこれも、あまり大きな声で言えないので、
秘密にしておいてもらいたいのですが、
「動いたらやる気は出てくるから、まずは手を動かしなさい」と言う人に、

秘かに聞いてみたいことがあるんです。
本当に、そのアドバイスで、
相手はわかりました！　と言って、手を動かし、やる気を出すでしょうか？　と。

私は思うんです。
●がんばっているのに、「やる気が足りない」と言われたり、
●やる気がないわけじゃないのに、「やる気を出せ」と言われたら、
「わずかながらにあった」やる気までなくなってしまうじゃないか！　と。

この本は、そうは思っていても、
「やる気を出すために、誰かいいアドバイスしてくれないかな〜（できるだけ簡単な方法で）」
と秘かに思っているすべての人に贈る本です。

今日から「がんばり方」の軌道修正をしよう

- **本当はやる気を出さないといけないのはわかっているのに、やる気が出ない。**
- **やる気が出た！　と思っても、続かない。**
- **部下や後輩、子どものやる気をどうしたら出せるのだろうか？**

と、そんなことで悩んだことはありませんか？

大丈夫です。安心してください。

あなたが悩んでいることは、ほかの人もうまくいかなくて悩んでいます。

だから、悩まなくて大丈夫です。

そして、本書に書いてあることを実践するだけで、その悩みがすべて解決します。

だから、悩まなくて大丈夫。

そんなあなたに早速、**本書の結論を先に3つお伝えしてしまいましょう。**

1つ目は、

「やる気は出そうとしたらダメ。やる気を出すと、やる気がなくなる」ということ。

2つ目は、

「手を動かしてやる気が出たら、とっくにみんなやっています。そんなアドバイス信じてはダメ」ということ。

そして、もっとも重要なのが3つ目。

「なんでもうまくいっている人は、やる気ではなく、ギャップの力を使っているよ」

ということです。

超一流は「やる気」を〝出さない〟

「ギャップの力」とは何か？

詳しくは第1章でお伝えしますが、早く知りたい！という方のために、わかりやすい例を先にお伝えしておきましょう。

たとえば、電車に乗り遅れそうになったときを想像してみてください。

改札を通って、ホームに向かっていたら、
絶対に乗らないといけない電車が出発しようとしている!!(焦)
こんな場面で、あなたはどんな行動をしますか?
「ヤバイ!! 遅れる!!」と急ぎますよね?
はい、ここで、あなたに質問です。
このとき、あなたは「やる気を出して」急いだのでしょうか?
そんなことありませんよね。
あなたが、「やる気を出そう!」と思って出したのではなく、
急ぎたい! 急がないと! と**「勝手に」やる気が出て、**
「気がつくと」急ぐという「行動」をしていたんですよね?
そうなんです。これが、勝手に生まれてしまう
第3のやる気と言われる「ギャップモチベーション」なのです。
ここだけの話、できる人たちって、「自分でやる気を出そう!」としてはいない
ですし、「とりあえず手を動かしてやる気を出そう」なんてこともじつはしていな

いんです。

秘密ですよ。

今日から「必死に生きる」のをやめよう

あなたがやりたいことを実現している人。

仮にその人のことを超一流と呼ぶことにしてみましょう。

超一流の人たちは、やる気があるから行動もできて、あなたの理想とする姿を先に実現することができている。そう思っているかもしれませんが、じつは少し違うのです。

私は、これまでスポーツ選手、経営者、起業家、医師、銀行員、アナウンサー、会社員、販売員、客室乗務員、専業主婦、大学生、高校生など1万2000人を超える方々に、目標達成についてのアドバイスをしてきました。

なかには、会社員を辞めてゼロから年商5億円の会社をつくり上げた人や、累計50万部を超えるベストセラー作家の方などもいます。

そんな自分の理想を実現している超一流の人は、
じつはやる気があるわけではないのです。

やる気があるとか、やる気がないとかではなく、
電車に遅れるから、急ぐ！

と同じ感覚で、

「やりたいから、やる！」と**気がついたら、勝手にやる気が出て、誰よりも行動をしてしまっていた。**

という感覚なんです。

結果的には、やる気は出てるんだけど、「がんばってやる気を出していない」、「勝手に」やる気が出たから、行動しちゃってた、という感覚なんです。

もちろん、

「勝手に」やる気が出て行動できたら、苦労しない。

とあなたが思うのは十分にわかっています。

ただ、これが、思い通りに生きている人たちの感覚であり、事実なのです。

そして、**あなたもそうなることが科学的に可能なんです。**

あなたは、間違わずに前に進めているか？

思い通りに生きることができている人に共通することが1つあります。

それは、**全員が「ギャップモチベーションタイプ」である。**ということです。

冒頭のモチベーションタイプ診断をやってみましたか？

あなたのやる気はどのタイプでしたか？

ハイモチベーションタイプ、アクションモチベーションタイプだった方は、
ラッキー！　ですね。

これから何年も、何十年も「必死にがんばることが重要だ」「自分でやる気を出していかないと！」と歯を食いしばって生きていくことになってしまうところでした。

ギャップモチベーションを身につければ、

超一流の人たちと同じように、気がついたら勝手に「やる気が出ていた」という状態になり「がんばらなくても」＝「必死にならなくても」行動できるようになります。

がんばらなくていいのですから、驚くほど、毎日が楽になります。

ギャップモチベーションタイプだったあなたには、

なぜ、ギャップモチベーションタイプが素晴らしいのかを解説していきます。

ギャップモチベーションのメカニズムを知ることで、あなただけではなく、あなたに**関わる人までも「勝手に」やる気にしてしまう技術を手に入れることになる**でしょう。

やる気がある人は「特別なこと」はほとんどやっていません。

誰にでも身につけることが可能なほんのわずかな違い、

「ギャップモチベーション」を手にしているだけです。

そんな、誰にでもできる、「ほんのわずかな違い」を、

科学的な裏付けとともに、あなたにお届けしましょう。

さぁ、あなたの生き方が変わる時間の始まりです。

神モチベーション「やる気」しだいで人生は思い通り もくじ

あなたのモチベーションタイプを「4つの質問」で診断します!! 2

はじめに

「やる気」が出なくても悩む必要なんてない 4
今日から「がんばり方」の軌道修正をしよう 6
超一流は「やる気」を〝出さない〟 7
今日から「必死に生きる」のをやめよう 9
あなたは、間違わずに前に進めているか？ 11

第1章

人生は「やる気」が9割

人生は小さな違いで、大きく変わる 26

01
やる気がある人は、こんなにも得をしている
鳥肌が立つほど「人生が変わる」理由　27
3番目のやる気を知っていれば人生苦労しない　29

02
「気合を入れてやる気を出してはいけない」本当の理由
息切れを起こしてしまう「ハイモチベーション」　33

03
超一流だけが知っている「やる気」の正体
できたらもうやってる！「アクションモチベーション」　37
超一流だけが知っている「ギャップモチベーション」　39
なぜ、オリンピック選手は4年間も努力ができるのか？　42

04
脳が勝手にやる気を出すスゴイしくみ
すべてはギャップから始まる　48
やる気を自動操作するポイントは「記憶」にあり　50

①「未来記憶」：こうなりたい未来 51

05 無駄な経験はない。は本当なのか？

②「過去記憶」：あなたのがんばり・失敗のすべて 57

06 失敗するたびに年収が増える理由

失敗の数が多いほど、成功に近づく 62

あの失敗があったから、お金を稼げるようになった話 64

07 人生を変える「未来記憶」のつくり方

なぜ、あの人は「やる気」に頼らずに目標達成できるのか？ 70

「人生を変える未来記憶」は3つのステップですぐつくれる 71

声に出すと最強の未来記憶になる 74

合成写真が人生に影響を与える巨大インパクト 77

それでも面倒くさいという人のための奥の手 78

08 「やる気の壁」は〝人生の試着〟で突破できる

なぜあなたは〝人生の試着〟をしないのか？ 81

人生の試着は最強の目標達成スキルである 83

第2章

永遠に続く「やる気」のつくり方

感動すら覚える。自分の人生が豹変する7つの方法　88

09
未来の自分と同盟を結ぶ
自分1人でがんばろうとするから、続かない　89
最強の味方は〝未来の自分〟だった　92

10
1分54秒で、あなたの人生は変わります
私たちは信じられないほどチャンスを見逃している　97
見逃していたチャンスの数はなんと1000倍！　101

11
「脳」を味方にしないとウツになる
成功者も凡人もチャンスの数は変わらない　105
チャンスを遠ざける最大の敵とは？　106
本当はみんな「他人の悪口」を言いたい　109

12 「目標を持つのが苦手」はじつは幻想
目標設定が好きな人と嫌いな人がいるのはなぜか？ 113
大手都市銀行から起業するまでの道のり 117

13 納得！「曖昧さ」が最大の「やる気の敵」である理由
いつも目標を達成できない人の特徴 121
「明確さ」がすべてを解決する 123

14 いい結果が出たら、絶対に喜んではいけない
結果だけ喜ぶ人は二流である 127
自分を「努力大好きな体質」に変えてしまう方法 130

15 「感情的な人が成功する」意外な事実
〝エアガッツポーズ〟でやる気が倍増する 136

第3章

嫌われるくらい「やる気」が止まらない

あの人の「やる気」が消えない8つの秘密 142

16 「いつも通り」を制すると努力なしで世界が変わる
「日常生活を送るだけでやる気が出る」最強の世界へ 143
「毎日、同じことの繰り返し」にハマる人の特徴 146

17 〝自分設定〟でやる気を「全自動化」する
究極の「気づいたらできてたんだよね」状態 150

18 突然ですが、あなたの人生が変わる質問をします

あなたを変える17の質問―自分設定の確認 155

19 100%うまくいく自分に生まれ変わる

自分設定を変更すること＝生まれ変わることである 160
自分へのハードルを下げる人から変わっていく 163
自分を変える最高のルール―難易度を1／2にする 166

20 脳の〝省エネ機能〟を使うと人生うまくいく

「やる気があふれて止まらない状態」のつくり方 170

21 〝設定変更〟で手強い自分を攻略する

完璧主義の自分設定を変更した社長さんの話 174
設定を変えたら部下からの信頼度も爆上がり 177

22 ルーティンこそ「ビジネスマン最強の武器」

イチロー選手も気がついていた「ルーティン」の力 180
人生を変えるルーティンのつくり方「5STEP」 181
人に話したくなる驚くべき「ルーティン」の威力 184

23 ふつうの会社員がルーティンで人生を変えた
自信がない人が変わったルーティンの実例 188
会社員とは別の収入の柱を大構築（実話） 192

第4章 世界一カンタンに自分を変える方法

365日続く「やる気」を育てる7つのテクニック 196
24 やる気を破壊する「地雷」の正体
一瞬で心が折れる「やる気の地雷」 197
メンタルを粉砕する地雷の破壊力 199
心が折れない人は目標設定でこんな工夫をしている 201

25
超一流が結果よりも成長を大切にするワケ
「結果」よりも大切にしないといけないこと 204
自分を変えられる人は「結果を無視する」 207
科学的に証明！「自分へのダメ出しで、メンタルが弱くなる」 208

26
売り上げが100倍になった実話
夢を叶える人は「結果を無視する」 211
人生のトラップは「結果思考」にあり 215

27
「寝ずに努力した」という武勇伝に騙されるな
誰もが見落としている「やる気」の落とし穴 218
「脳を安心させる」それが最低限の絶対条件 221

28
すぐに存在を消さないといけない人間
人生をどん底へと突き落とす最大の敵の正体 225
全力で心理的ストレスを解決しろ 227

29 超優秀になりたければ緊張感をうまく使え
自分を甘やかす人間のツマラナイ人生 231
死のカウントダウン 233

30 やる気が出る「最大のご褒美」は人間関係
やる気は1人より2人のほうが倍増する？ 237
人間関係を整えると、やる気が整う 239
人間関係を考えてみるだけで、忍耐力が50％増加する 241

最終章

すぐできる！「やる気の壁」突破トレーニング

「やる気の壁」を突破する「壁トレ」!! 246

LEVEL 1 体調を整える 248
LEVEL 2 電信柱の数を数える 250
LEVEL 3 「即」できた！ のフィードバック3日間 252
LEVEL 4 自分の仕事、職場への感謝のメッセージを探す 255
LEVEL 5 最近連絡していない友だち3人に連絡をしてみる 258
LEVEL 6 「初めてのお店に入る」を3回経験する 261
LEVEL 7 妄想日記を1週間書く 265

LEVEL 8 自分で自分の目標を決めて小さくする 268
LEVEL 9 最初の1歩を踏み出す 273

おわりに

もう、あなたは十分がんばっている 277
がんばり方の軌道修正をしてから人生が変わった 279
これから必要なのは、「がんばる力」ではなく「楽しむ力」 280
人生を変えるのに「絶対に大切にしないといけないモノ」 281
毎日あなたを応援することを約束します。 283
参考文献 287

第1章

人生は「やる気」が9割

人生は小さな違いで、大きく変わる

第1章では、「やる気を出せる人」がやっている「ちょっとした違い」を、早速あなたのものにしてもらいますね。ここだけの話、もしかしたら、この第1章だけで、驚くほどあなたは変わってしまうかもしれません。

なぜなら、「ちょっとした違い」とは、本当にちょっとした違いで、今この本を読んでいる瞬間から、あなたにもできることだからです。

でも、多くの人がこの「ちょっとした違い」を知らない。

知らないけれど、「ちょっとした違い」なので、実行するのは簡単。

自分が気まぐれなやる気をなかなかコントロールできていなかったのは、まさか、これだけの差だったのかと、落ち込んでしまうかもしれません。

そんな、あなたの変化が始まる第1章、早速スタートしましょう。

01 やる気がある人は、こんなにも得をしている

鳥肌が立つほど「人生が変わる」理由

体は元気なのに、「やる気が起きない」
こんなことを、感じたことはありませんか？
やる気を自由自在にコントロールすることができたら、
どれだけ、あなたの人生は変わるでしょうか？
めちゃくちゃ変わりますよね！
それは、もう驚くほどに。

だって、やる気を自由自在にコントロールできるのですから。

やる気を好きなときに、好きなだけ出せたら、

- **仕事にも前向きに取り組むことができて、周囲から尊敬される、結果が出せる。**
- **資格試験などの勉強にも驚くほど集中できた、一発合格。（かっこいい！）**
- **やらなきゃいけないことが一瞬‼　で片づき、自分の時間を好きなだけ満喫。**
- **ダイエットもなんなく達成！　引き締まった体もすぐに手に入る。**
- **1歩踏み出せなかった起業にもチャレンジでき、お金も時間も自由に。**

などなど。

「やる気」さえ、あの憎き「やる気」さえ、いつでも私たちの思うようにコントロールすることができたら、私たちの毎日は「楽しいもの」になることは間違いありませんね。

楽しいどころか、人生が変わってしまうと言っても過言ではありません。

3番目のやる気を知っていれば人生苦労しない

私は、これまで、起業家、経営者、政治家、ベストセラー作家、医師、外資系企業のトップ営業、一部上場企業の会社員、看護師、アナウンサー、客室乗務員、大学生、専業主婦の方など、1万2000人を超える方々に、目標達成についてアドバイスをしてきました。先ほどあげた、

- 仕事にも前向きに取り組むことができて、周囲から尊敬される、結果が出せる。

などは、本書で紹介する方法で、やる気を自由自在にコントロールできるようになり、**実際に自分を変え、人生まで変えてしまった人たちの実例のほんの一部です。**

やる気を自由自在にコントロールして、思い通りの人生を手にしてしまっている人たちは実在するのです。

ただし！！！

そこで私たちが何かしようとすると、必ず立ちはだかるのが「やる気」です。

「やる気の壁」なんです。

「やる気の壁」を突破しないことには、私たちの人生は変わらないんです。

あぁ……。

「やる気の壁」がなかったら、私たちの人生はどれだけ変わることか……。

そんなやる気の壁をいつも苦労することなく突破することができたら、あなたの人生はどれだけ変わるでしょうか？

あなたはやる気をコントロールしてどんなことを実現したいですか？

どんな自分に変わりたいでしょうか？

私たちが「やる気の壁」の存在に邪魔されている一方で、超一流と言われる人たちは、行動するときに立ちはだかる「やる気の壁」をいとも簡単に乗り越えることができています。そして、やる気の壁を毎回簡単に乗り越えて、自由自在に自分のやる気をコントロールすることができています。

だから、人よりも早く行動することができ、思い通りの人生を歩むことができているのです。

そんな、やる気の壁を毎回、いとも簡単に突破して、やる気を自由自在にコントロールできるようになるために、あなたが知らないといけないこと。

それは、じつはたった2つだけです。

1つは、**やる気は3種類ある**ということ。

もう1つは、やる気を自由自在にコントロールして思い通りに生きている人は、**「3番目のやる気」**を使っているということ。

これだけを身につけることができれば、あなたも今日から超一流の仲間入り。

自分を、そして自分の人生を変えることがいとも簡単にできるのです。驚くほど。

本書の巻頭に、今のあなたが「3種類のやる気」のうち、どのやる気を使っているのかを診断できるYES／NO診断がありましたが、診断してみたでしょうか？

あなたはどのタイプでしたか？

診断結果によっては、もしかしたらあなたは、もうすでに人生を変える、自分を変える準備が十分に備わっているかもしれません。

ご自身の診断結果を覚えているでしょうか？

それを踏まえたうえで、早速、「3種類のやる気」とは、どんなものなのか？を解明していきましょう。

超一流の「やる気の壁」を突破するコツ

「3番目のやる気」を味方にすると人生が変わる

02 「気合を入れてやる気を出してはいけない」本当の理由

息切れを起こしてしまう「ハイモチベーション」

早速、1つ目の「やる気」を解明していきます。

じつは、これが一番危険であるにもかかわらず、そうとは知らずに多くの人が頼ろうとしている危険な「やる気」です。

あなたの診断結果は大丈夫でしょうか？

そんな**1つ目のやる気が「ハイモチベーション」**です。

いわゆる、やる気マンマンの状態。

「よっしゃー！　今日も営業活動やってやるぞー！！！」

と鼻息が荒い状態です。

やる気がある人、いいですよね。

ただ、つねに、こんな状態でいることができたらいいのかもしれませんが、このハイモチベーションが危険な理由は**「上がったものは、落ちる」**という原理原則にあります。

つまり、急激に上げたモチベーションは下がりやすいのです。

あなたのまわりでも、「最初は勢いよかったのに、最近見ないね」という人がいるのではないでしょうか？

その人は、完全に「ハイモチベーション」の餌食《えじき》になってしまった人です。

あなたもそうならないように気をつけなければなりません。

なぜなら、「ハイモチベーション」は短期的にはいいかもしれませんが、一種の興奮状態であるため、私たちの体に備わっている「興奮したら、それを元に戻そうとする機能」が働いてしまうためです。

体温が上がったら、元に戻そうとするのと同じ機能、同じ原理です。

だから、1つ目のやる気「ハイモチベーション」は続かないんです。

自分の目標を実現する。

今の自分を変える。

となると、継続した行動が必要です。

「ローマは一日にして成らず」です。

そう考えれば短期的な「ハイモチベーション」がおすすめできないことは言うまでもありませんよね。

ハイモチベーションタイプの人は、

「あのときのやる気はどこにいってしまったのだろう？」

「なんか、やる気なくなっちゃった」

「いつも続けられないんだよね……」

そんな経験をしたことがあるのでは⁉

「上げたものは下がるから、モチベーション（やる気）は急に上げてはいけない」

と覚えておきましょう。

超一流の「やる気の壁」を越えるコツ

「やる気は急に出してはいけない」

03 超一流だけが知っている「やる気」の正体

できたらもうやってる！「アクションモチベーション」

「やる気があるから、動けるのではない」

「動くから、やる気が出るんだ」

こんなことを聞いたことがある人もいるのではないでしょうか？

もしくは、

「つべこべ言わずに、手を動かせばやる気が出てくるから、まず動け！」

こんなことを言っている人を見かけたこともあるかもしれません。

では、ここで、みなさんの心の声を私が代弁したいと思います。

そんなの動けたら、最初から動いてるよ！
なかなか動く気になれなくて困ってんだよ、こっちはー（怒）

という気持ちですよね。
わかります。

ただ、じつはですね、この理論は科学的には正しいのです。
行動することによって、扁桃体というやる気物質を出す脳の部分が刺激される。
その結果、やる気が出るんです。
これを「アクションモチベーション」と呼んでいます。
2つ目のやる気「アクションモチベーション」も科学的には正しいのですが、
動き出すまでの難易度が高い。高すぎる。
その動き出すためのやる気が欲しいのです。こっちは。
まさに、動けたら苦労しないよ、という気持ちを考えると、自分を変える、目標を達成するのにいつも「アクションモチベーション」に頼るのは、超人的に意志が強い人以外は、現実的ではありません。

この本では、あなたの人生を変えるために「簡単にできること」をお伝えしたいと思っています。ですから、

いつでも自由自在にやる気を起こす。

という観点からしても2つ目のやる気「アクションモチベーション」に頼ることはやめておいたほうがいいでしょう。

超一流だけが知っている「ギャップモチベーション」

そして、「3番目のやる気」です。

3番目のやる気、それは「ギャップモチベーション」です。

診断結果で、ギャップモチベーションタイプになった人は、

簡単にやる気の壁を突破できますよ!!

じつは、ギャップモチベーションを、あなたが身につけることができると、「ハイモチベーション」と「アクションモチベーション」の両方のいいとこ取りもできてしまうんです。

まさに、最強のやる気。

自分の人生を思い通りにするのに、身につけるべきやる気なのです。

そんな、「ギャップモチベーション」を理解するうえでわかりやすい例が、超一流の結果を残すアスリートの方々です。

たとえば、あなたがオリンピックを目指すアスリートだとしましょう。

毎日、鼻息が荒いほどのハイモチベーションで、

4年間も練習に取り組めるでしょうか？

なんだか疲れて途中で燃え尽きちゃいそうですよね。

大切なのは、金メダルを獲得するために、

淡々と4年間最大限の努力をすることです。

ただ、淡々と努力をするとひと言で言っても人間ですから、

「今日は練習したくない！」という日も、もちろんあるでしょう。

やる気が起きない、のですから、ハイモチベーションではありません。

行動したらやる気が起きる「アクションモチベーション」も、
もちろん頼りになりません。

そんなときに、頼りになるのが「ギャップモチベーション」。

ギャップモチベーションとは、
ひと言で言うと、「ギャップを埋めたい気持ち」です。

私たちの行動の多くに指示を出す**「脳」は、ギャップを感じると、自動的にそれを埋めようとします。**

そこには、やる気を出すとか、出さないとかはありません。

ただ、ギャップを埋めたいから行動する。

だからギャップモチベーションというのです。

ギャップモチベーションが働いているときのわかりやすい例が、

仕事などでのアポイントの場面です。

⏻ なぜ、オリンピック選手は4年間も努力ができるのか？

たとえば、10時に取引先との打ち合わせの約束があったとしましょう。
あなたの会社から打ち合わせ場所までは徒歩15分です。
しかし、今の時刻は9時50分。
それなのに、あなたはまだ会社にいます!!
打ち合わせの準備に手間取り、まだ会社を出ることができていません!!
取引先相手の部長さんは時間に厳しいことで有名……。
このままでは遅刻してしまい、取引先からの信用もガタ落ち、完全ＯＵＴです。
大ピンチ！！！！
こんな状態になってしまったら、あなたならどうするでしょうか？
10時にちゃんと間に合っている、という理想の状態と、このままだと遅刻してしまう、という現状の「ギャップを埋める」ための行動を急いでするると思います。

ここで質問です。

このときに、「あなたは急げ!! とやる気を使ったでしょうか?」

やる気がある、なしに関係なく、

「このままだと遅れてしまう! やばい!!」

と、素早く行動をするのではないでしょうか?

遅れてしまいそうになっている「現実」と、時間通りに間に合うという**「理想」とのギャップを少しでも埋めるため**に、タクシーに乗るという行動を「自動的に」したのではないでしょうか?

これが、ギャップモチベーションです。

やる気があるとか、ないとかではなく、

私たちは「ギャップ」を埋めようと勝手に動いてしまえるんです。

言い方を変えれば、「ギャップを感じれば」、私たちの意志とは関係なしに「脳が勝手にやる気を出して」行動してくれる。

やる気を出すのは、あなたではなく行動の指示を出す「脳」なのです。

あなたではなく、「脳」にやる気を出させれば、あなたは何の苦労もなく、思い通りの結果を手にすることができてしまうのです。

やる気を出すな！　ギャップをつくれ!!

なぜ、アスリートの人たちが4年間も淡々と練習を続けることができるのか？

アスリートの人たちも人間です。

気持ちが乗らない日もあるはずです。

ただ、そんなときでも4年後のオリンピックで金メダルを獲得している姿を考えると、今の自分とのギャップを感じて、

「練習をやらなければ金メダルなんて取れるわけないよな」

と、仮に、嫌々だったとしても、そのギャップを埋めなければと、脳が自然と練

習に足が向くようにしてくれる。

そうして練習を始めて動き始めると、アクションモチベーションも味方になり、結果、熱心に練習に励むことができるようになるというわけです。

超一流の「やる気の壁」を越えるコツ
理想と現実のギャップをつくり出せ！

ハイモチベーション
After
Before
COMPANY
やる気ない…
気合だー！！

アクションモチベーション
After
Before
まず動くのが大事だ
ガミガミ
動けたら苦労しないよ
イラ
イラ

ギャップモチベーション
After
Before
今日は練習疲れたな…
金メダルとったら…
練習しよ！
達成!!!
気づいたらできてた！
1

04 脳が勝手にやる気を出すスゴイしくみ

すべてはギャップから始まる

やる気タイプ診断で、診断結果が「ギャップモチベーション」だったあなたは、あとは本書を使って、ギャップモチベーションを使いこなすだけ。

そうではなかったあなたは、

本書でギャップモチベーションのメカニズムを知って使いこなすだけです！

さて、ギャップを埋めたくなる脳の特性を活用した「ギャップモチベーション」は、ある意味、「やる気を出さないで勝手に動けてしまう」魔法のモチベーションと言ってもいいでしょう。

あなたにも、思い返してみると、ギャップモチベーションのおかげで、勝手に行動していた、気がついたら没頭していた、という経験があるのではないでしょうか？

たとえば、

●「今日は子どもの誕生日だから、早く帰って家族でお祝いだ！」と考えていたら、いつもよりも仕事がはかどり、早く帰ることができた。

●尊敬している上司から、「次のプレゼン期待しているよ！」と声をかけられたら、プレゼンを終えて上司から「さすがだったな！」とほめられている未来の場面を想像して、プレゼン資料をつくるのに没頭していた、などなど。

あの熱中、あの没頭はすべて、がんばることなく**「脳が勝手にやる気を出した」ギャップモチベーションのしわざ**だったのです!!

やる気を自動操作するポイントは「記憶」にあり

では、このギャップモチベーションをどのようにしたら、私たちも自由自在に使うことができるようになるのでしょうか？

自分がやる気を出したいとき、好きなだけやる気を出せるようになりたいですよね。しかも、できるだけ、早く、簡単に。

そのためのキーワードが、**「記憶」**です。

なぜ、やる気を自由に操るのに「記憶」が重要なのか？

それは、私たちのギャップモチベーションによる「やる気」は、「現実」と「記憶」のギャップを埋めようとして生まれるからです。

ただし、記憶と言っても、あなたが思うような記憶とは少し違いますのでご注意ください。

ギャップモチベーションを自由自在に操り、そして、好きなだけ「やる気」を出すために、あなたが知らないといけないのは、記憶には2種類あるということ。

2種類の記憶とは、**「未来記憶」**と**「過去記憶」**です。

「ギャップモチベーション」はこの「現実」と「2つの記憶」とのギャップを源泉にしています。

ここまで知ってしまったら、もうあなたの勝ちです。

超一流の、思い通りに生きることができる人だけが知っている、ギャップモチベーションのメカニズムを、手に入れたのも同然です。

1 「未来記憶」：こうなりたい未来

未来記憶？

記憶って過去にあった出来事についてじゃないの？

と思う人も多いかもしれません。

そこで、未来記憶とはなんなのか？

なぜ、未来記憶がギャップモチベーションの源泉になるのかを、小学生のときに起きた私の体験をたとえに解説したいと思います。

一緒にドキドキしながら読み進めていただけたらうれしいです。


私が通う小学校では毎年マラソン大会がありました。

学年別に男女がそれぞれ走り、1位になると全校生徒の前で表彰されます。

私が小学校3年生のときの話です。

マラソン大会終了後、
1位を獲得した人が全校生徒の前で表彰される時間になりました。

そのときに表彰されている1位の友だちが、先生からも、友だちからもほめられていて、本人も誇らしげに、そしてうれしそうにしている場面を私は目の当たりにしたんです。

その光景を見て、子どもながらに、

「いいなーーー!!! あそこで自分も表彰されたい!!!」

と胸を熱くしたのを今でも覚えています。

自分が1位になったらどんな気分なんだろう。

小学3年生の私はそのとき、自分が1位になった未来を、目の前の場面と重ね合わせて想像していたのです。

これが、私のなかに「マラソン大会で1位になり表彰される」というまだ実現していない「未来の記憶」が生まれた瞬間でした。

翌年、マラソン大会の1ヵ月前。

私は、去年のあの「マラソン大会で1位になり自分が表彰される」という想像（未来記憶）を忘れられませんでした。

しかしながら、去年の自分の順位は7位。

ここで、**現実と未来記憶とのギャップが生まれます。**

未来の記憶は1位。現実は7位。

そうすると、当時小学4年生だった私は、ある行動に出ます。

誰に言われたわけでもないのに、急に自分で勝手に朝練を始めたんです！

マラソン大会の1ヵ月前から、毎朝5時55分に起きて、本番と同じコースを走る練習を。

未来記憶と現実のギャップを埋めるために。

1ヵ月のあいだ、サボることもなく、早起きをして走り続けたんです。

今でも、小学生なのによくやったよなーと思います。

そして、1ヵ月後に迎えたマラソン大会本番。

走りなれたコースはペース配分もバッチリで、1年前の未来記憶の通り「1位」でゴールすることができたのです‼︎（やったー！！！）

マラソン大会を終えての表彰式では、去年自分が思い描いた通りの景色と、それ以上の達成感とうれしい気持ちになったことを、今でも強く覚えています。

「未来記憶」とは、「強い感情（こうなりたい）と一緒に想像した未来の姿」です。

強い感情が伴った未来の記憶が脳に刻まれると、

「未来と現実のギャップを埋めよう」とギャップモチベーションが生まれる。

そして、そのギャップを埋めるために、

勝手に行動をしてしまうというのが伝わったかと思います。

私たちの脳は、明確に、鮮明に、そして、強い感情を伴って、「こうなりたい！」「これを実現したい」ということをイメージする、もしくは体験すると、**それが実現していなくても未来記憶として保存してくれます。**

そして、その未来記憶と現実とのあいだにギャップを感じると、脳が勝手に動き出す指示を出してくれるのです。これは、「予測差分」と言って、脳科学、神経科学でも明らかになっていることなんですね。

超一流の「やる気の壁」を越えるコツ

未来を、感情と一緒にイメージすると、ギャップモチベーションが生まれる

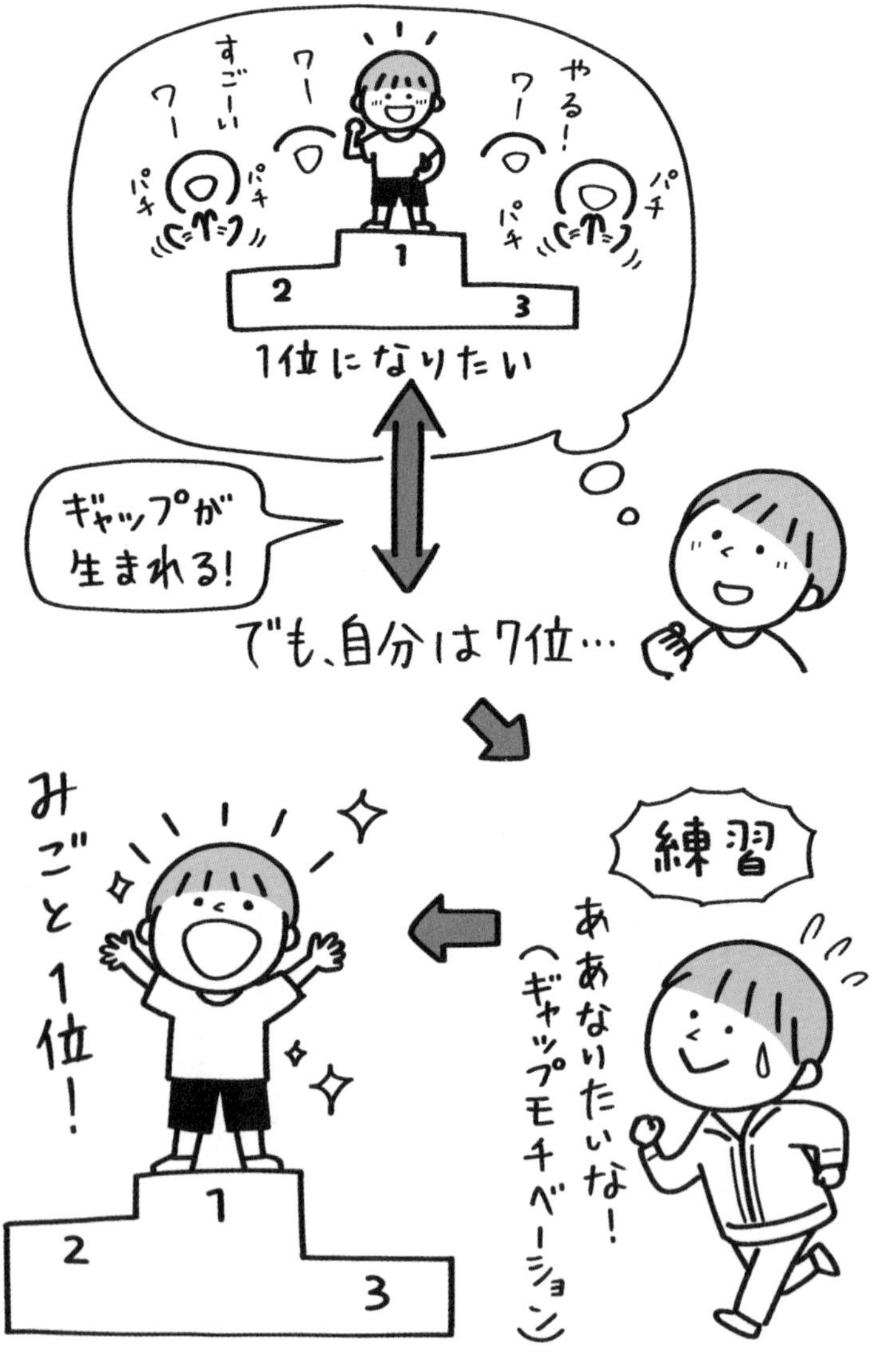
すごーい
ワー
ワー
ワー
やる!
パチ
パチ
パチ
パチ
1
2
3
1位になりたい
ギャップが生まれる!
でも、自分は7位…
練習
ああなりたいな!
(ギャップモチベーション)
みごと1位!
1
2
3

05 無駄な経験はない。は本当なのか？

2 「過去記憶」：あなたのがんばり・失敗のすべて

あなたの人生を邪魔する「やる気の壁」。
憎き「やる気の壁」を木《こ》っ端《ぱ》微塵《みじん》にするのが「ギャップモチベーション」。
これを生み出すのにもう1つ必要な記憶が「過去記憶」です。
過去記憶は文字通り、過去の自分の記憶。
過去の記憶と現実のギャップも、
ギャップモチベーションが生まれるきっかけとなります。
たとえば、先ほどのマラソン大会の例であれば、小学4年生のときに、

「1ヵ月早起きして練習したから1位を取ることができた」

という過去記憶がありがたいことに、私にはできあがりました。

翌年の小学5年生のときの私は去年のこと（過去のこと）を思い出して、

「去年は1ヵ月前から練習したから、そろそろ練習を始めないとヤバイな」と思うようになります。

「過去の記憶」と「まだ練習を始めていない今の自分」にギャップを感じて、そのギャップを埋めようと行動する。

また今年も早起きをして、1ヵ月間マラソン大会に向けて練習をするという行動を、自動的に起こすことができたのです。

これが「過去の記憶」と「現状」とのギャップで動き出す、わかりやすい例だと思います。

このようなことは、あなたの日常でもよくありますよね。たとえば、

「前回の社内企画コンペのときに、事前にプレゼン内容を部長に相談していたから企画がうまく通ったな。今回はまだ相談していないから、そろそろ部長に相談して

おかないとマズいな」

というようなことも、「過去記憶」と「現実」のギャップからギャップモチベーションが生まれて行動できているわかりやすい例です。

このとき、「やる気を出そう」とはしていないはずです。勝手に動けてしまう。

このように**過去記憶からギャップモチベーションを生み出せるようになるうえで、あなたが大切にしなければならないことって何だと思いますか？**

過去の思い出を振り返ることでしょうか？

「あのときはよかったな〜」と。

あながちそれも間違ってはいません。

いませんよ。

なので、過去の栄光に浸りましょう。

でも、浸ったままだと、過去の栄光にただ浸っているだけの残念な人になってしまうので、今とのギャップも感じましょうね。

ここで重要になってくるのは、**「体験の数」**です。

なぜなら、**体験の数が増える＝過去の記憶が増える。**と言えるからです。

体験の数を増やすことができると、

「あのときはこうしていたのに、今回はまだこの部分をやっていないな」

ということに気がつくことが増えることにもなります。

今の自分と過去の自分を比較して、

ギャップを感じることができる数が増えることになるわけです。

「ギャップを感じる数が増える」ということは、

ギャップモチベーション＝「やる気」が生まれる機会が多くなる。

と言えます。

体験の数が多ければ多いほど、あなたは行動的になることができるし、

そのぶん、自分の人生を変えるスピードが速くなるともいえますね。

あなたの体験の数は人生を変えるだけあるでしょうか⁇

体験の数が増える＝人生を変えるやる気の数が増える。

体験の数が少ない＝人生を変えるやる気の数が少ない。

と心に刻み、日常での体験の数を増やすことを意識してみるだけで、意外とあっさりあなたの人生は変わるかもしれません。

超一流の「やる気の壁」を越えるコツ

体験の数が増えると、やる気の数も増える

06 失敗するたびに年収が増える理由

失敗の数が多いほど、成功に近づく

過去記憶は体験の数。
だから、体験の数を増やしましょう。
という部分で、もっとも重要なことをお伝えします。
おそらく、この話は、**あなたの年収に影響を与える**ことにもなります。
過去の記憶、つまりは体験の数を増やすときに、
あなたがもっとも大切にしないといけないこと。

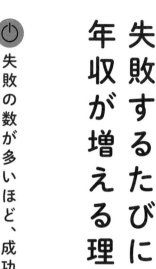

それは、過去記憶は成功した体験の数よりも、
失敗した体験の数のほうが、あなたの人生を変えてくれる。
ということです。

どれくらい人生を変えてくれるのか？

少なくとも、私がこれまでアドバイスしてきた起業家などの教え子たちのように、好きなときに、好きな場所で、好きな仕事をし、やる仕事も自分で選べ、時間も自由。仕事をしてもいいし、しなくてもいい。お金を理由に、何かを買ったり、どこかに行くことを諦めることもない人生。を手に入れることはできるでしょう。

ただし、**失敗の数を増やすことができれば、という条件付き**です。

よく、失敗は成功のもと、と言いますが、そうは言っても、
本音は誰だって失敗はしたくないですよね。
恥ずかしい思いをしたくない。
惨めな気持ちになりたくない。
でも、**失敗した体験の数が増えるほど、自分がやる気になって、**

人生成功する確率が上がると言われたらどうでしょうか?

あの失敗があったから、お金を稼げるようになった話

じつは、先ほど例に出した、マラソン大会の話には続きがあります。
悔しくて、失敗した話です……。
なんとも情けない……。
小学4年生に、未来記憶の力で初めて1位を獲得した翌年。
小学5年生のときの話です。
マラソン大会もあと1ヵ月となりました。
そのときの私はまだ去年のように朝練を始めていませんでした。
そこで、過去記憶「去年は、1ヵ月前から早起きして練習したら1位になれた」
とのギャップが生まれます。
「そろそろ去年のように朝練を始めないとマズイな……」

この過去記憶とのギャップを埋めようと、ギャップモチベーション（やる気）が自動的に発生して、前年と同じくまた1ヵ月前から朝練を始めました。

これで今年も1位だぜ!! と、今年も「1ヵ月前に」練習を始めることができたのまではよかったのです。

よかったのですが!!

です……。

なんとじつはこの年は、2位になってしまったのです。

王座陥落。

もちろん朝練はサボることもなく、1位をとった前年同様1ヵ月間練習したのに。


なぜこうなってしまったかというと、こんな裏話があったんです。

私が1位を取る前の年に1位だった友だちは、私が1位を取ったせいで、小学4年生のときは2位になってしまいました。

そのときに、

「どうやら星は1ヵ月間朝練をしたから1位になれたらしい」

というのを聞いたそうなんです。そして、その友だちは、

「来年は自分も1ヵ月間練習して星から1位を奪い返す！」

と練習していたそうなのです‼

（これもある意味、未来記憶の力ですが……）

そして、その友だちは私から見事1位の座を奪い返すことに成功して私は2位に。

つかの間の1年天下でした。（涙）

そのことを知った私は小学5年生ながらに、

「結果を出すのに努力をするのは当たり前なんだ。（泣）

ただし、自分なりにではなく、人より努力をしないと結果は出せないんだ（悔）」

という、なんともその後の人生に大きな影響を与える「過去記憶」ができあがったのです。

小学5年生のときに、努力したのに1位になれなかったのは、見方によっては失敗かもしれません。

いえ、苦い経験だったので失敗でしょう。

しかしながら、その過去の失敗体験のおかげで、社会人になってからも、起業してからも、人より努力するのは当たり前である！　という精神が根付いていました。

そのおかげで今、経済的にも、時間的にも自由に生きることができる人生を手に入れることができたと感じています。

なぜなら、何かに取り組んでいてもこのときの**失敗した過去記憶のおかげ**で、

「本当に人よりも努力しているか？」

「人より努力しないと負けるぞ」

と結果として自動的に人よりも努力できるようになり、
起業家としても、作家としても、結果を残すことができているからです。

だから、あなたも自分のために、恐れることなく体験の数を、
とくに「失敗した体験の数」を増やしてください。

そして、**失敗をしたときは、素晴らしい過去記憶ができた！**

これで、私の人生は変わる！　くらいに思っていいと思います。

実際に私がそうでしたから。

本当に、あのとき、負けて2位になってよかったと思っています。

あーー、よかった!! あのとき2位になれて（強がり）。

ちなみに、そんな苦い思いをした翌年の小学6年生最後のマラソン大会は、過去記憶「人よりも努力しないと負ける」のおかげで、ライバルよりも多く1ヵ月半以上練習をして1位を獲得することができたのでした！

超一流の「やる気の壁」を越えるコツ

失敗の数が増えるほど、成功する確率が高まる！

失敗の過去記憶を使って未来の成功が増える

07

人生を変える「未来記憶」のつくり方

なぜ、あの人は「やる気」に頼らずに目標達成できるのか？

自分を変えるなら、そして、自分の人生を変えるなら、ギャップモチベーションが最強の武器になる。

ギャップモチベーション（やる気）は、「現実」と2つの記憶、「未来記憶」と「過去記憶」とのギャップによって自然に起きる。

その結果、勝手に行動できるようになる。

ということがここまでで、理解できたと思います。

淡々と努力することができる、超一流レベルの人たちしか知らない真実を、あなたも知ってしまいましたね！

さて、「過去記憶」に関しては、「日常での体験の数を増やす」ことが大事だとわかりましたが、**「未来記憶」はどのようにしてつくればいいのでしょうか？**

単純に実現したいことを、妄想すればいいだけなのか？

正直、それだけでも繰り返せば一定の効果はあります。

ですが、もちろんベストなやり方があるので、

あなたの人生が1秒でも速く変わるようにその方法をお伝えしていきましょう。

これで、もうあなたも、やる気の壁を突破する超一流の人たちの仲間入りです。

「人生を変える未来記憶」は3つのステップですぐつくれる

未来記憶のつくり方は信じられないほど、簡単です。

これだけでいいの？　と拍子抜けしてしまうくらいです。

むしろ、これだけの差で思い通りに生きることができている人と、できていない自分を分けていたのか？　と思ったら、ある種の怒りを感じるかもしれません。

では、そんな方法をお伝えします。

ポイントは3つです。

①未来記憶は、イメージ、音声、感情、動作、の4点セットでつくる

②①を何回も思い出し体験する（最低5回以上）

③②を毎日繰り返す。

以上です。

これだけなら、誰でもできますよね。

でも、やったことありませんよね。

そう、簡単なのにやってはいない。

やっていないのではなくて、知らなかっただけ、かもしれません。

すべては知っているか、知らないか。

やっているか、やっていないか。それだけで人生には差がついてしまうのです。

知らない知識がどれだけ奥深いか、難易度が高いかなど関係ないのです。

「①未来記憶は、イメージ、音声、感情、動作、の4点セットでつくる」は、**自分が実現したいことが実現したときの場面を五感を使ってイメージするのが重要**です。

イメージをうまくつくれないという人は、目を閉じて想像を膨らませて、実現した場面を体感してみてください。

そのときには、次の項目を意識してみてくださいね。

あなたが実践しやすいように、やり方の例を見ながら解説していきましょう！

未来記憶のつくり方

例）仕事で大型契約を獲得した！　という未来記憶をつくるなら

どこにいるか？（例　会社のオフィスで同僚たちがそろっている前で）
自分の視点からはどんな風景が見えるか？（例　上司が笑顔でほめている）
誰にどんな声をかけられているのか？（例　同僚から凄いね！　と言われている）

自分はどんなことを話しているか？（例　ありがとうございます！　と言っている）
自分はどんな気持ちか？（例　やり切って、チャレンジしてよかったな！）
自分はどんな動きをしているか？（例　上司と握手をしている）

このような場面を脳内で鮮明になるまで、何回もイメージをつくり出してください。１番のポイントは、**「感情を込めて」イメージをする**ことです。

「感情の強さ」が記憶への定着率に影響を与えます。

声に出すと最強の未来記憶になる

未来記憶をつくることができたら、
②何度も頭のなかで、その場面を繰り返しイメージします。
自分の目標や実現したいことが実現した瞬間を何度も味わうのです。
こんなこと、今までやったことありましたか？

このときに、つくり出した未来記憶の場面で、自分が発している声。もしくは、心の声を実際に口に出すと、あなたがつくり出した未来記憶は最強になります。

なぜなら、先ほども書いた通り未来記憶を定着させるのに、もっとも重要な要素は**「感情の強さ」**だからです。

たった1度の経験であっても、とっても感動したことや、とってもうれしかったことって鮮明に思い出せたりしますよね。

そのメカニズムとまったく同じです。**言葉を発することで、つくり出したイメージに感情が込もり、未来記憶が脳に定着しやすくなります。**

先ほどの例、仕事で大型契約を取ることができて、それを上司や同僚が称えてくれているという場面だったら、どんな言葉を発するでしょうか？

「ありがとうございます！　みなさんのおかげです。ありがとうございます！」というような感じでしょうか？

もしかしたら、心の声は、

「どうだ！　見たか！　凄いだろ！」かもしれません（笑）。

どちらにせよ、声を出すときはまわりに人がいないかを確認して行ったほうがいいですね！（笑）

そして、これを、

②何度も繰り返す（最低5回以上）というのを、

③毎日やるだけです。ほんの数分で人生が変わってしまいます。

といっても、この声を出して記憶に定着させるって、みんなやらないんですよね。

なんか、ちょっと恥ずかしいじゃないですか。

おそらく、ちゃんとやる人は1万人いて10人いるかいないか、くらいだと思います。……というのを聞いて、あなたはどう思いますか？

私ならこう思います。

「マジ！　みんなやらないなら、絶対やろう！　だって、やるだけで差をつけられるじゃん！」と。

これも私のなかに、過去記憶「努力は当たり前」「人よりもする＝人がやらないことをする」が定着してしまっている証拠ですね。

さて、あなたはどうしますか？

やりますか？

やりませんか？

合成写真が人生に影響を与える巨大インパクト

人によっては、イメージをつくるのが苦手、という人もいるかもしれません。

その場合にオススメなのが、**写真や画像を使う**という方法です。

私も起業したばかりのときに、ベストセラー作家になりたい！　という目標をもち、その未来記憶をつくり画像もつくりました。

どのようにつくったかというと、

①書店さんのランキングの棚の画像をプリントアウト
②自分がVサインをしている全身姿の写真を切り取る
③①のプリントアウトした画像に②の切り取った写真を貼りつけ、書店さんのラ

ンキング棚の前で自分の本がランクインしてVサインをしている写真をつくる
という感じです。
あっ、今、馬鹿にしましたか⁇
一見、バカバカしく思うかもしれませんが、頭のなかでイメージをつくるよりも
さらにイメージが鮮明になり、**現実とのギャップを強く感じるようになりますよ。**
そして、そのギャップは、行動したい！　という気持ちが勝手に湧いてくること
に、今でもつながっています。
実際、そのおかげでこうして作家として2作連続で10万部を超えるなど、あなた
に本をお届けできるようにもなれたので、本当にギャップモチベーションの威力は
凄いなと実感しています。

それでも面倒くさいという人のための奥の手

感情を込めてつくり上げた未来記憶は、何度も思い返すことで、

脳が現実とのギャップを認識してくれます。

とはいっても、何回も思い返したり、イメージをつくった写真や画像を見るのも面倒ください。というあなたにはとっておきの方法をお伝えしましょう。

それは、自分の**未来記憶のイメージをスマートフォンの待ち受けにする**ということです。スマートフォンの待ち受けにすれば、自動的に見ることになりますよね？

これで、あとはあなたが未来記憶と現実とのギャップを実感するだけになります。

これだけで勝手にやる気が出てくるのなら、やらないわけにはいかないですよね？

超一流の「やる気の壁」を越えるコツ

未来記憶を定着させるには、五感と感情、反復がポイント

何度も思い出す

合成写真をつくったり

スマホの待ち受けにしたり

08 「やる気の壁」は〝人生の試着〟で突破できる

なぜあなたは〝人生の試着〟をしないのか？

イメージをつくることで「未来記憶」がつくれることもわかった。

感情を込めて繰り返しイメージすることが大切なのもわかった。

面倒くさがりの人はスマホの待ち受けにしたほうがいいのもわかった。

それもやるから、でも、もっと簡単で、すぐに自分の目標を達成するために、あふれるほどのやる気を生み出す方法ってないんですか？（泣）

というあなたのために、とっておきの方法をお伝えしましょう。

これはある意味、「現実」と「未来記憶」のギャップを痛いほど感じる。

というやり方です。それはどんなやり方かというと、

「人生の試着をする」という方法です。

人生の試着ってなに？

なぜ、この方法が究極の方法なの？

それは、次の質問があなたに答えを教えてくれます。

次のうち、どちらのほうがあなたは「買う」という行動をしそうですか？

A　ネットショッピングをして、この服自分に似合うかな？　と頭のなかでイメージを膨らませたとき

B　実際に買おうと思った服を試着して、自分に似合っているなと実感したとき

答えは言うまでもなく、Bですよね。では、AとBの違いはどこにあるでしょうか？

違いは、**「未来の体験の先取り」**です。

前項でもお伝えした通り、未来記憶の定着には、「感情」が大きく影響します。

イメージを膨らませたときよりも、実際に試着するという未来の体験をしたほうが、「この服素敵！！！！」という感情は何十倍にもなるはずです。

その感情の強さが、現実と未来のギャップをより強く実感させます。

ギャップを強く感じるということは、ギャップを埋めたい！という気持ちが強くなる。つまりは、
ギャップモチベーション（やる気）のパワーも強くなる。ということになります。

服を試着するように、あなたが実現したいこと、叶えたいこと、なりたい自分の姿を先取りして試着してみると、信じられない速度であなたの人生が変わります。

もう、それはジェット機並みの速さで!!

人生の試着は最強の目標達成スキルである

未来の体験の先取り。人生の試着とはどういうことを言うのか？

もし、あなたがこれから実現したいことがライフスタイルを変えることなら、

「引っ越したいと思っている物件の内見に行く」

「引っ越したいと思っている街に行く」

などが未来体験の先取りになります。

もし、社内で異動したい部署があるのなら、

「その部署に足を運んで場所の雰囲気を体験する」

というのも強烈な未来体験の先取りになるでしょう。

住みたいなと思っている物件を見に行き体験したり、働きたい職場の雰囲気を肌で感じたり、欲しい服を試着してみたり、未来の体験は、現実とのギャップをより強く感じさせてくれます。

そして、そのぶん、より強いギャップモチベーション、
つまりはやる気が生まれるんです。

実際に、私の心理学の講座の受講生の方でも、この「人生の試着＝未来体験の先取り」を子育てに活用して、息子さんが一時は合格は難しいかもと思われた志望校

に見事合格した！　という事例もあったりします。

高校受験のお子さんを持つお母さんの話なのですが、この受講生さんは、受験前から息子さんに、「なぜ志望校に合格することができたのか？」とインタビューをすることで、息子さんに、志望校に合格をした人という未来の体験を先取りさせていました。

どのようにインタビューをしたかというと、

- 志望校に合格できた秘訣はなんですか？
- 受験勉強で大変なことはどんなことでしたか？
- そんな大変なときはどうやって乗り越えたんですか？
- なぜ、この高校に入りたいと思ったのですか？
- 無事、合格となりましたが、高校ではどんなことをしたいですか？　などなど。

この会話を繰り返すことで、息子さんには「志望校に合格した」という未来の体験とともに、未来記憶が定着しました。

その結果、「志望校に合格したという未来記憶」と、そのためには「まだ学力が足りないという現実」を埋めなければ！　とギャップモチベーションが発動!!

見事、志望校合格！　という自分の人生を変える結果を、手にしたのです。

自分の理想とする人生を「試着する」方法は、いろいろとあると思います。ぜひ、あなたの目標に合わせて、未来を先取りして体験してみてくださいね。

驚くほど、簡単にやる気が生み出されますから!!

超一流の「やる気の壁」を越えるコツ

ギャップをより強く実感するために、人生の試着をしよう

第2章

永遠に続く「やる気」のつくり方

感動すら覚える。自分の人生が豹変《ひょうへん》する7つの方法

やる気の壁を突破した超一流の人たちは、ギャップモチベーションを味方にしているることを第1章で知ってしまいましたね！

ここからは、あなたの人生を何歳からでも、永遠に、思い通りに変えるための、ギャップモチベーション（やる気）を強化する方法をお伝えしていきます。

現実と2つの記憶（未来記憶、過去記憶）とのギャップをつくり出すことが基本ですが、ここからの内容を身につけるだけで、あなたの行動力は周囲から尊敬の眼差しを集めるレベルへと一気に進化します。

09 未来の自分と同盟を結ぶ

自分1人でがんばろうとするから、続かない

やったほうがいいのはわかっているんだけど、なかなか動けない。続かない。

そんなことありますよね。

でも、そういう経験をしているのは、あなた1人だけではないので、安心してください。

ただ、そんなときを振り返ってみると、「今の自分1人」で、
目の前の「やらなきゃいけないこと」と戦っていたのではないでしょうか？

そういうときは、

「未来の自分」を味方にするのがもっとも簡単な打開策になります。

さて、これはどういうことでしょうか？

私の実例を使って説明させてください。

「やったほうがいいんだけど、いまいちやる気が出ない」

もちろん、あなたと同じように私にもあります。

あなたと同じです。

そんな私のいまいちやる気が出ないことの１つに

「食習慣を変える」ということがありました。

毎日、体にいいものを食べたほうがいい。

炭水化物、脂っこいモノは適量で控えたほうがいい。

野菜をたくさん食べたほうがいい。

わかっている。

わかっているけど……。

焼き肉食べたい！

ステーキ食べたい！

お鮨食べたい！

ラーメン食べたい！

ご飯食べたい!!

また、ハンバーグ食べたい！

と欲望に任せて食生活を送っていました。（汗）

幸いにも週2日ペースでパーソナルトレーニングに通っていたので、体型はまだ崩れることはありませんでした。

しかし、ニキビなどなかった額に、ニキビが少しずつ出るようになり、治りが遅くなっているのを感じていました。

明らかに食習慣の問題です。

それでも、欲望のままに食べたいものを食べていた私が、あら、不思議。今では、野菜中心の食生活にガラリと変わり、ニキビも消えて肌も元どおり綺麗になったのです！

妻も驚く食生活の変わりようで、

「あんなにお肉を食べてたのに、何があったの？」

と心配するほど。

一体、何があったのでしょうか？

最強の味方は〝未来の自分〟だった

そのときに、私がしたことが、**「未来の自分と同盟を結ぶ」**ということでした。

「未来の自分と同盟を結ぶ」というのは、

正確に言うと「未来の理想とする自分」と同盟を結ぶ。

つまりは、

目の前に誘惑が現れたときに、「未来の理想とする自分」に相談をするんです。

「今日も、お肉食べたいんだけど、どうしよう？」と。

「飲んだ後に、ラーメン食べたいんだけど、どう思う？」と。

「未来の理想とする自分」に相談をしようとすると、
頭のなかには当然「未来の理想とする自分の姿」がイメージされます。

（私なら、40代になっても若々しく、今のように腹筋も割れたままの引き締まった体で、肌も綺麗で健康的な姿）

ここがポイントですよ！

未来の理想とする自分に相談すると、
自動的に「未来記憶」を思い出すことになりますよね。

未来記憶を思い出すと、当然、今の自分とのギャップを感じるので、

「お肉やめて野菜にしよう！」

「ラーメンは、せめて明日のお昼にしよう」（食べるんかい！）

というギャップモチベーションが生まれて、ギャップを埋める行動をする。

私の場合なら、野菜をたくさん食べる。締めのラーメンは明日へ持ち越し。ということが自然とできるようになったんです。

ここでやっていることは「未来記憶」と「現実」とのギャップを生み出して、ギャップモチベーションを発生させる。ただ、これだけです。

基本通りの動きではありますが、これを「未来の自分と同盟を結ぶ」と言語化することによって、頻繁に未来の自分の姿（未来記憶）を思い返すことができるようになります。

そして、未来の自分に相談すると、けっこう厳しい言葉も返ってきたりします。「別に今日もお肉食べてもいいと思うよ。未来の俺みたいになる気がないんならな」とか。（汗）

こういう言葉がイメージできると、

やめておこうという「やる気」が起きるわけです。

頻繁に未来の自分を思い返すと、頻繁にギャップを感じることになるので、頻繁に行動するやる気が出る。

ということになりますよね。
あなたも早速、今、この瞬間、未来の自分と同盟を結んでみてください。
人生を変える。自分を変えるなら、未来の自分をまずは味方にすることからですね！

超一流の「やる気の壁」を越えるコツ

困難には1人で立ち向かうな。未来の自分と一緒に戦え！

1人だと食べちゃう
食べたい
POTATO
ムシャムシャ
ムシャムシャ
ムシャムシャ
ムシャムシャ
ムシャムシャ
ムシャムシャ
ムシャ
未来の自分と一緒なら大丈夫
食べていいかな？
POTATO
…いいけどこうなる
未来
未来
やめとく！
えらいぞ
未来
現在

10

1分54秒で、あなたの人生は変わります

私たちは信じられないほどチャンスを見逃している

やる気が出る、出ないも大切だけど、それ以前に、毎日ラッキーな出来事や、ツイテル出来事ばかり起きてくれないかな〜。

そしたら、やる気出るのに!!

と思う人も多いのではないでしょうか?

でも、そんな都合のいいことを待っていても……いえ、そんなことは起きえます!!

えっ⁇

起きるの⁇

はい、そんなラッキーな出来事ばかり起こす方法があります。

しかも、科学的な裏付けがある方法で。

ということで、ラッキーな出来事ばかり起きてほしいと思っている、そんなあなたにお願いがあります。

どうかお願いします。

騙されたと思って、（騙しませんが）１００ページのＱＲコードをスマホのカメラで読みとってリンク先の動画を見てください。

1分54秒で、あなたの何にもない日常に、急にチャンスが現れますから。

スピリチュアルのように聞こえますが、スピリチュアルではありません。（笑）

＊リンク先は心理学の実験動画になっています。

リンク先はＹｏｕＴｕｂｅの動画になっています。

壺とか売りつけませんから安心してください。

驚きますよ！！！

こんなにも、私たちは世のなかのチャンスを見逃していたのかと。
ガク然とします。もしかしたら、言葉を失うかもしれません。
私は、この1分54秒の動画を見終えたときに、
「マジで！！？？？」
と思わず大きな声をあげ、
それを聞いた妻が心配して書斎までやってきたくらいです。
論より証拠。
百聞は一見に如かず。
まずは、見てみてください。
わずか1分54秒の、海外ドラマで刑事が事件の謎を解き明かす場面の動画ですが、
この動画との出会いはあなたの人生を変えるインパクトを残してくれるでしょう。
音声は重要ではないのでミュートで再生してもOKです。

とにかく、最後まで見てくださいね。
最後の最後にこの実験の種あかしがありますので。
この動画を見れば、私のその後の解説に信じられないほど納得するでしょう。

[リンク先]https://youtu.be/ubNF9QNEQLA
QRコードを読み込めない方はYouTubeで
Test Your Awareness : Whodunnit?
と検索してください。

見逃していたチャンスの数はなんと1000倍！

いかがだったでしょうか？

動画の中盤、56秒に画面に表示された言葉、「Did you notice the 21 changes?」は、「あなたは21個の変化した部分に気がつきましたか？」という意味です。

私は、まったく気がつきませんでした。（驚）

こんなにもあからさまに変化していたのに、私たちの脳はまったく気がつかないのです。

恐ろしい……。

恐ろしすぎる……。

日常でもきっと人生を変えるチャンスが目の前を通り過ぎているんだ……。

なぜ、このような現象が起きてしまうのかというと、**私たちの脳にある「ＲＡＳ」**（Reticular Activating System ＝網様体賦活系）**という部分が認識する情報を選んでいる**からです。

私たちは当たり前ですが、今見えている世界がすべてだと思っています。

がしかし、脳科学的にはそうではないのです。

私たちの脳が認識している情報は、本来存在しているはずの情報の約１０００分の１程度であることが科学的にわかっています。

１０００分の１ですよ！

１０００分の１。

たとえて言うなら、１０００人、目の前に人が並んでいても、私たちの脳が認識できるのは、目の前の１人だけっていうこと。

そんな恐ろしい状況です。

１０００人中１人しか見えていないのに、

「何にもいいことがない……」と私たちは呟《つぶや》いているのです。

そんなこと呟く時間があるなら、そのうちに残りの999人を見えるようにして、
そこからチャンスを探したほうが人生はあっという間に変わります。
残り999人もいたら、あなたにラッキーやチャンスを渡してくれる人が、
1人くらいはいそうじゃないですか！
自分が見えている世界がすべてではない！
むしろ、今気がついていないことにチャンスが隠れている!!
と考え方を変えた人から、人生を変えるようなチャンスに出会えますね！

超一流の「やる気の壁」を越えるコツ

今、見えている世界の外にチャンスがある

こんなに人がいても1人しか見えていないのが
私たちの脳の真実

11 「脳」を味方にしないとウツになる

成功者も凡人もチャンスの数は変わらない

自分たちがどれだけ世界のほんの一部しか見えていないのか。

日常でチャンスを見逃しまくっているのかを実感できたかと思います。

本当に恐ろしいですよね。

そう言ってる今も、きっとチャンスを見逃しているんです。きっと。

とはいえ、前項でも書いた通り、私たちの脳では「RAS」と言われるところで、認識できる情報が勝手に仕分けられてしまっています。

そしたら、認識できる情報の量を増やせばいいじゃないか‼と思うかもしれませんが、**脳のしくみ上、私たちが気がつける情報量を爆発的に増やすことはできない**のです。

つねに、私たちが認識できるのは、1000分の1だけ。

であるならば、量が増やせないなら、質。

つまりは、**気がつける情報をいいものばかり、自分を変えるチャンスばかりにすればいいではないですか！**

見逃してしまった情報ばかりにチャンスがあったら、損をしてしまいますからね。

やる気を失ってしまうような嫌なことより、やる気になる、ハッピーなこと、ラッキーなことばかり気がつける脳にしてしまいましょう。

チャンスを遠ざける最大の敵とは？

しかしながら、ここで残念なお知らせがあります。

「ラッキーなことばかり見つけられる脳にすればいい」とお伝えしましたが、**私たちの脳は「いい出来事」を自動的に見つけることができない**のです。

「いい出来事」を自動的に見つけることができないとは、どういうことか？

たとえば、あなたはまわりの人の変化によく気がつくタイプでしょうか？

- 髪型が変わった
- ネクタイが新しいネクタイになっている
- カバンが変わった
- メガネが変わった
- 靴を新調した　などなど。

自分が新しく変えたことに、誰かに気がついてもらえたらうれしいですよね。

もちろん、私もうれしいです！

そして、そんな変化に気がついてくれた相手には好感を持ちますよね。

まさに、まわりの人の変化に気がつくことは、

人間関係をスムーズにするうえでも、「いい出来事」と言えます。

しかし、こういった、まわりの人の変化にあなたは「よく気がつく」でしょうか？

「あなた、全然気がつかないよね」

なんて厳しい言葉を言われたことがある人も多いかもしれません。(汗)

でも、安心してください。

そんな経験はあなただけではありません。

そして、「全然気がつかない」ということが誰にでも起きていること。それこそが、私たちの脳は「いい出来事」を自動的に見つけることができない、ということの裏付けでもあります。

「いい出来事を探そう！」と、自分に言い聞かせないと、

髪型の変化も、

新しいネクタイにも、

メガネが変わったことにも、

靴を新調したことにも、

私たちは気がつくことができない脳になってしまっているのです。全員です。

だから、**「いい出来事を探せ！」とあなたの脳に命令をしてください。**

そしたら、探せるようになりますから。

あなたの人生を変えるような出来事を。

本当はみんな「他人の悪口」を言いたい

「いい出来事を探せ！」と脳に命令をしないと、**私たちの脳は困ったことに、「ネガティブな情報」を無意識に無限に見つけてくれるようにできています。**

なぜなら、私たちの脳の最優先事項が「死なないこと」だからです。

何か危険なこと、よくないことは最優先に察知できるようにできあがってしまっているのです。

もう、生まれながらに、そういうしくみになってしまっているので、ネガティブなことばかり気になるのはあなたに問題があるわけではないのです。

脳にとっては、いい出来事よりも、ネガティブな出来事のほうが大事、最優先。

テレビのニュースなどで、ネガティブな内容が多いのは、そのためです。

ネガティブな内容であれば、脳は自動的に察知してくれる。

それを知っているから、テレビやニュースは見てもらいたいがためにネガティブな内容が多くなってしまっているんですね。

できていることや、人のいい部分よりも、ネガティブな、自分ができていない部分や、人のよくない部分ばかりに目がいってしまうのもこのためです。

私たちは、年齢、性別問わず、脳の機能上、
誰しもネガティブな情報を自動的に見つけてきてしまいます。

ただ、そうなると、私たちの記憶は、ネガティブな記憶（体験）ばかりになってしまいますよね。

「私だけ○○ができていない」（ほかの人もできていないのに）

「また、失敗しちゃった」（ほかのことはできているのに）

「また、注意された」（ほかのことはほめられているのに）のように。

こうやってネガティブなことばかりに注目したら、行動をしたい！　という感情も湧きにくくなってしまいます。

やる気が湧いてこないどころか、嫌なこと、ネガティブなことばかり見つけていたら、最終的に心を病んでウツにだってなりかねません。

超一流の「やる気の壁」を越えるコツ

自分の脳に、チャンスを探せといつも指示を出す

通常
雨やだな
会社行きたくない
靴ぬれた!
部長と面談
何言われるんだ…
脳に「いい出来事探せ!」と命令
命令
いい出来事を探せ!
雨にぬれて葉っぱきれい!
靴少ししかぬれなかった!
部長との面談で
新しい提案をしよう!

12 「目標を持つのが苦手」はじつは幻想

目標設定が好きな人と嫌いな人がいるのはなぜか？

ギャップモチベーション（やる気）の源になる未来記憶は、人によっては、目標設定のように思えるかもしれません。

目標設定って苦手。
目標を持つこと自体が嫌だ。
目標を持つと逆にやる気がなくなる。
という人もいたりしますよね。

わかります。

ただ、目標設定が苦手な人も、目標を持つとやる気がなくなる人も、ギャップモチベーションの使い方をアレンジすれば簡単に解決することができます。

簡単にです！

というのも、２０１０年イギリスの心理学者リチャード・ワイズマンの実験で、目標達成、つまりは行動できる人がやっていることのなかで、「もっとも目標達成に効果があることは何か」が判明しているからです。それは、

目標を設定して、そのゴールまでの途中に小さなゴール（目標）を設定する。

そして、それをクリアするごとに自分で自分にご褒美を設定する。

ということがもっとも行動を促すのに効果があるということでした。

これが、「ギャップモチベーション」と「目標設定嫌い」にどんないい影響を与えてくれるのでしょう？

目標を設定したり、目標を持つことが苦手。

という人は、もしかしたらそれは、「過去の記憶」の影響かもしれません。

大きすぎる目標を立てて、達成できなくて嫌な気持ちになった。

納得感のある目標を設定できず、結局達成もできず嫌な気持ちになった。

など、そんな過去のネガティブな「目標を達成できなかった記憶」を脳が思い出してしまうと、「目標設定って苦手」という感情が生まれてしまいます。

そうすると、ギャップを埋めよう！　というより、

「達成できなくて、また嫌な気持ちになるかもしれないから目標を持つことは嫌だ。できれば避けたい」

という気持ちが優先されてしまうのです。

しかし、リチャード・ワイズマンの研究結果にある通り、
目標を小さくしてみたらどうでしょうか？

小さくするというのは、本来の目標に到達する手前の目標をつくるということ。

感覚としては、本来の目標を達成する前に、
ハードルを下げた目標をつくってみるという感じです。

たとえば、「毎日腹筋を30回する！」が目標なら、これを小さくする（ハードルを

下げる）と「毎日腹筋を1回する！」という感じです。

これくらいならできそう！　というくらい小さくしてみれば、行動してみよう！　とやる気が起きるようになります。

これは、**目標を何段階にも小さくすることで、クリアしているイメージが湧く！という未来の記憶を実感しているから**なんですね。

つまりは、目標設定ってなんか苦手、という人は、目標を持つことが苦手なのではなく、**苦手だと感じてしまう「目標設定の仕方」をしていた**というわけです。

「目標が大きくてクリアしているイメージが湧かない」ということは、当然、目標を達成している未来記憶を実感することはできません。

「未来記憶」と「現状」のギャップを埋めたい!!　というギャップモチベーションから生まれる「やる気」は、未来記憶に「できそう！」とか「達成したい！」という強い感情を感じれば感じるほど、強くなることは第1章でもお伝えしました。

目標が大きすぎてクリアしているイメージが湧かないと、**未来記憶に強い感情を感じることができないので、自ずとギャップも感じにくくなり、モチベーションも**

湧きにくくなってしまいます。

目標設定は、未来に実現できそうだと思えるくらいの大きさがちょうどいい。

言い換えれば、目標を達成できそう！　という実感が湧く大きさに区切るとちょうどいい、ともいえるわけです。

イマイチ、やる気が起きないな、というときはこの視点で自分の目標を見直してみるのも必要ですね。

大手都市銀行から起業するまでの道のり

大きな目標を、これならできそう！　という大きさまで小さくする。と言われても、なかなかイメージが湧かない。という方のために、実例をご紹介しましょう。

大手都市銀行で働いていたAさん。

長年勤めた仕事を辞めて、会社に縛られるのではなく、もっと自分の時間を自由に使いたい。やりたい仕事をしたい！　という目標を持っていました。

このときのAさんの目標は、「好きなことで起業して自由になる！」。

ただ、そうは思っていても、ずっと行動に移すことができずにいました。

そこで、起業への1歩を踏み出す決断をするためにも、
メンタルを強くしたい！　と、私の心理学の講座を受講してくれました。

そのときに講座でやったのが、この「大きな目標を、これならできそう！　というレベルまで小さくする」ということでした。

さて、「好きなことで起業して自由になる！」を小さくするならどのようになるでしょうか？

このAさんは講座を受講して、
大きな目標を次のように何段階かに分けて小さくしていきました。


「好きなことで起業して自由になる！」

↓

「会社を辞めると伝える」

「起業するのに必要なことを勉強する」
←
「自分でやりたいビジネスモデルを明確にする」
←
「1日1時間家を早く出て、起業について考える時間をつくる」
←
「1時間早く家を出て、起業について考える場所を決める」

さて、いかがでしょうか？
「起業する！」という目標が、
「起業について考える場所を決める」という大きさまで小さくなりました。
これなら1つずつクリアできるイメージが湧きますよね！

クリアしているイメージが湧く＝感情を伴った強い未来記憶ができる。

強い未来記憶ができれば現実とのギャップを埋めようとします。

結果、Aさんは10年以上勤めた大手都市銀行を退職して起業することができました。今では、自分がやりたかった仕事で、会社員時代を超える収入と時間の自由を手にしています。

あなたも、もしかしたら人生が変わらない理由は、案外、目標を大きなまま目指しているから。ただ、それだけの理由かもしれませんよ。

超一流の「やる気の壁」を突破するコツ

目標の設定は、達成したイメージが湧く大きさまで小さくする

13 納得！「曖昧《あいまい》さ」が最大の「やる気の敵」である理由

いつも目標を達成できない人の特徴

目標設定が苦手。という人の原因として、もうひとつあげられるのが、**「曖昧な目標を設定してしまっている」**ということです。

曖昧な目標とは何か？

なぜ、「曖昧な目標」を立てている人は目標設定が苦手になってしまうのか？

ここに、思い通りに生きることができている成功者と言われる人と、そうではない人の大きな違いがあるんです。

たとえば、あなたが立てた目標が「南の島に行く」だったとしましょう。
どうでしょうか？　この目標は実現できそうでしょうか⁇
どう行動すればいいかイメージが湧くでしょうか？
湧きませんよね。南の島って一体どこのことを言っているのか？
国内なのか？　海外なのか？
国内だとしても、沖縄のことなのか？
沖縄でも、本島なのか？　離島なのか？
離島でも、石垣島なのか？　それとも、宮古島なのか？
目標が曖昧でどこを目指しているのかがわからないので、
まったく何をすればいいのかアイディアが浮かんできません。
私たちの脳の特徴として、
「よくわからないもの」（未知のもの）に出会うと思考が停止する
という傾向があります。
未知とは、知らない部分がある。つまりは、曖昧。

曖昧なものに出会ってしまうと思考がフリーズしてしまうのです。

思考が停止するということは、どんな行動をしよう？　ということも考えられませんから、当然、目標が達成されることはありません。

目標が達成されなければ、自分を変えることも、人生を変えることもできません。

曖昧な目標を設定してしまうことで、行動につながらず、目標が達成できなかった。あるいは、途中で挫折した。

そんな記憶が刻まれることになれば、当然、目標設定に対して苦手な気持ちも持つようになるわけです。

「明確さ」がすべてを解決する

しかし、この「南の島に行く」が、「ハワイに行く」だったらどうでしょうか？

さらに言えば、

「来年の年末年始12月28日から、1月4日までハワイのオアフ島に行く」

だったらどうでしょうか？　あなたはまず何をしますか⁉

この設定をした瞬間に、「どんな行動をすべきか」のイメージが、さっきと違い湧いてくるのではないでしょうか？

たとえば、スケジュール確認。その次は、費用の計算。ホテルの空室状況の確認。これらはすべて「行動」です。

曖昧だった目標を明確にするだけで、何をすればいいのかを「脳」が勝手に導き出して動き出すことができるのです。

あなたの目標に曖昧な部分はないでしょうか？

前項でも紹介したAさんの大きな目標も最初は曖昧でしたよね。

「好きなことで起業して自由になる！」

そもそも、好きなことって何⁉

自由になるってどういうこと⁉

働かなくていいこと？

それとも、スケジュールを自分で決められるということ⁉

ただ、この最初の目標を小さくしていくと、
1つ1つが明確になっていったことに気がついたでしょうか？
最終的には、一番最初にクリアする小さい目標は、
「1時間早く家を出て起業について考える場所を決める」でした。
めちゃくちゃ何をするか明確ですよね？
そして、明確だとどんな行動をすればいいかすぐわかるので動きやすい。
曖昧は敵、明確さが行動を生み出す。ぜひ、心に刻み込んでください。

超一流の「やる気の壁」を突破するコツ

目標を明確にするとパワーが湧いてくる！

目標を明確にすれば何をすればいいかも明確になる

14 いい結果が出たら、絶対に喜んではいけない

結果だけ喜ぶ人は二流である

結果を出すことができた!!

自分が望んでいたことが実現できたらうれしいですよね。そんなときは、「この成功体験を記憶に定着させるために強い感情を伴って喜ぼう!!」と思ってしまうかもしれませんが、ちょっと待ってください。

これ、じつはかなり危険です。

はい、危険なんです。

えっ？　だって、過去記憶が大事。

感情が伴った体験は記憶に定着しやすい！　って言ってたじゃないか！

と思うかもしれません。

これはその通りです。

ここで何が危険と言っているかというと、

「結果にだけ喜ぶ」ということが危険だということです。

なぜか？

いい結果が出たから喜ぶ。

また別の機会に、いい結果が出たから喜ぶ。

これを繰り返していくと、どうなるでしょう？

気がつかないうちに

「いい結果が出そうなことだけ、行動しよう」

というパターンができあがってしまうからです。

そして、「結果が出たときしか喜べない体質」になってしまうのです。

このパターンにはまると、それまで結果を出してきたやり方、考え方に固執するようになり、かつ、今までの成功パターンでうまくいきそうなことにしか、行動したい！ という感情が湧かなくなります。

なぜなら、**結果が出たときしか喜べないので、結果が出そうなことしかやりたくない！ となってしまう**からです。

これは、「自分を挑戦できない人間にしてしまう」地獄の入り口です。

なぜ、地獄の入り口なのか？

だって、考えてもみてください。

挑戦しないで、自分を変えることができるでしょうか？

自分の人生が変わるでしょうか？

答えは、もちろんNOですよね。

挑戦することができない人に、目標が実現する未来はないのです。

さらに、「これは結果が出せそうだから行動してみよう」というやる気は、うまくいかないことが発生するとすぐにやる気を失ってしまうなど、やる気としてもとても脆弱《ぜいじゃく》です。

「結果にだけ喜ぶ」のは、これだけ危険な要素を持っているんです。

本当に危険だから、今すぐやめようね。

自分を「努力大好きな体質」に変えてしまう方法

そしたら、結果が出たときは喜ばないほうがいいのか？

といったら、もちろんそうではありません。

あなたが、超一流の人たちのように「やる気の壁」を突破して、なりたい自分に変わる。

そんなことを実現してくれる、ギャップモチベーションで発生する「やる気」を、味方にする「喜び方」が当然あります。

世のなかは知っているか、知らないか。

そして、知ったことを実践しているか。

ただ、それだけの差です。

さぁ、その方法とは？

超一流だけが知っているギャップモチベーションを使いこなして、思い通りの人生に変えるために必須といえる、結果が出たときの喜び方とは？

それは、結果が出たときには必ず、「あんなつらいこともあったけど、こんな努力をしたから、この結果が出たんだよな」と**努力を喜ぶ**ということです。

いいですか、努力を喜ぶのです。

人生を変えるくらい重要だから、もう1回言っておきますね。

「努力を喜ぶんです」

結果だけではなく、そのプロセスにあった困難や努力もセットで喜ぶ。というのが、あなたの人生を変える最大の秘訣になります。

これまで何かしらの結果を出すことができたときに、「やった‼」と喜ぶだけではなく、「あの努力があったからだよな！」と、心から振り返り、その努力も喜んでいたでしょうか？

この喜び方をすると、

「結果を出すことができたのは、つらい思いをしたから。努力をしたからだ！」という過去記憶ができあがります。

こんな過去記憶をつくることができたら、あなたの人生はもう勝利確定です。

なぜなら、私たちの脳には、何かに取り組むときに、

「前回チャレンジをしたときは、つらい思いをしたから結果を出せたな。だから、今回もつらい思い＝努力をしよう！」

と思うようになり、

結果を出したい！

だから、努力したい！

と脳が勝手に努力をするように、指示を出してくれるようになるのです。

そして、また結果が出たら努力を喜ぶ。

そうすると、また「努力をしたから、いい結果が出た！」という記憶が強くなる。

そして、また何かに取り組むときは、当然いい結果を出したいので、
努力したい!!

努力したい!!

と、気がつけば結果を出したいより、
努力したい！！！

という超一流ループに入ってしまうわけです。

こうなったら、もう我々の勝ちですよね！

これを繰り返すと、私たちは、もうつらいこと（努力）なしでは、結果は出ない。むしろ、つらいこと（努力）をすると結果が出る！　と思っているので、自ら進んでワクワクしてつらいこと（努力）ができるようになってしまうのです。

これを**「ゴールデンゾーンに入る」**と呼んでいます。

考えてみれば、オリンピックなどもそうですが、
超一流のアスリートがメダルを獲得したときには、必ずと言っていいほど、

「メダルを獲得できたのは、この4年間の厳しい練習があったからです」

と、結果だけではなく、そのプロセスも振り返り、結果だけに喜ぶことはしていませんでしたよね。

やはり、超一流の人たちは「やる気の壁」の突破の仕方を知っているのです。

超一流の「やる気の壁」を突破するコツ

結果が出たときは、「努力のおかげ」と喜ぶ

× 結果だけ喜ぶ
達成
結果が出やすいち〜
達成
達成

○ 努力を喜ぶ
達成
また、努力したい！
努力してよかった！
達成
達成

15 「感情的な人が成功する」意外な事実

〝エアガッツポーズ〟でやる気が倍増する

朝早く起きることができた。
仕事でうまくいった。
部下に怒らずに、冷静にアドバイスすることができた。
子どもにイラッとせずに接することができた。
人に親切にすることができた。
勉強をがんばれた。

など、自分がこうできたらいいな。と思う行動ができたときは、「やる気の壁」を突破するチャンスですよ。

チャンスに気がついていますか?

なぜなら、そんな自分が理想とする行動をできた自分に対して、

「感情を込めて3回ほめる」

という裏技をするだけで、次にあなたが何かに取り組むときに、ギャップモチベーション（やる気）を使いこなすことができ、勝手にやる気が出るようになるからです。

たとえば、こんな感じに自分のことをほめてみてください。

上司、あるいは取引先に理想とするプレゼンができたとき、

1人になれる場所に行き……。

「ウォー!! 俺ってすげー!!

あの内容のプレゼンをこの短期間でまとめて、しかも、相手にめちゃくちゃ刺さってた!! 見た? あの先方のなるほど! って顔。

これは、完全に俺の努力の成果！！！！

本当に、すごいプレゼンだったぜー!!　いやぁー、恐れいった。すごいわ。俺!!」

という感じに。

引きましたか？（笑）大丈夫でしょうか？　でも、できれば、

声を出して、ガッツポーズをしながら（体を動かしながら）するのが最強です。

なぜなら、**人間の記憶は脳のいろんな部位にたくさん刺激を与えたほうが、記憶に残りやすい**からです。

第1章の人生を変える「未来記憶」のつくり方と同じメカニズムですね。

記憶の定着として大切なのは、

「4点セット（イメージ、音声、感情、動作）」と「反復」でした。ですので、

- 自分が理想とする行動ができた場所（視覚情報）
- そのときの自分の発言や相手の発言、BGMなど（音声情報）
- 体を動かすことでの運動情報

などのも、感情につけ加えると、より「強い」記憶として保存されます。

これをその場で3回繰り返し行えば、もう完璧。

また次にあなたが同じような場面でチャレンジするときや、似たような場面に遭遇したときに、この強烈な過去記憶となった理想とする行動が思い出されて、これがギャップモチベーション（やる気）の発生源になるわけです。

喜んだり、感情を爆発させることを、遠慮したり、忘れたりしていませんか？

それは、自分の人生を変えるチャンスを自ら放棄しているようなものですよ。

超一流の「やる気の壁」を突破するコツ

理想とする行動ができたら、感情を込めて3回ほめる

感情を込めて3回ほめる
①
ウォー！オレすごい！
②
これだけの努力できるオレ、すごすぎる！
③
いやあ～恐れいった、すごい！オレ!!

第3章

嫌われるくらい「やる気」が止まらない

あの人の「やる気」が消えない8つの秘密

ここからは、勝手に湧き出てしまう究極のやる気「ギャップモチベーション」を使いこなすというレベルを超えて、もはや無意識にやる気が出てしまう状態。

自動的に、「やる気があふれ出て止まらない状態」にしてしまう方法をお伝えしていきたいと思います。

それは、ある意味**「ギャップモチベーションの習慣化」**とも言えます。

あなたのまわりにもいますよね。いつも、やる気にあふれていて、なんでこの人はいつもやる気なんだろう？　という人。

やる気の壁を突破して、人よりも行動ができている超一流の人たちだけが、たどり着いている領域。

日常の習慣が、すべてやる気を生み出すものになっている世界。

そんな、**超一流の最終ステージに到達するための方法**をお伝えしていきます。

16

「いつも通り」を制すると努力なしで世界が変わる

「日常生活を送るだけでやる気が出る」最強の世界へ

日常生活での習慣が、勝手にやる気をつくり出してしまう。

そんなバカな。と思うかもしれませんが、そのおかげで、私も、私の教え子たちも、自分を変えることが簡単にできましたし、自分がやりたいと思ったことはすべて実現できてしまっています。

そんな状態をあなたもつくり出すためには、まずは、**私たちのほとんどの行動をコントロールしている「脳」を味方にする必要があります。**

そう、結局は「脳」なのです。

自分を変えるより、「脳」を変えてしまうほうが早いんです。本気で。

といっても、じつはものすごく簡単に脳を味方にすることができますので、ご安心を。

多くの人が知らないだけなのです。きっと、あなたも。

一般的に、私たちの脳の重さ（質量）は、全体重の2％前後しかないと言われています。もうちょっとありそうですよね。

私は体重が60kgなので、1・2kg程度でしょうか。

ただし、ここからが注目！

わずか2％ほどの重さしかないにもかかわらず、なんと!!

消費するエネルギーについては、

1日の約25％も脳が消費していると言われているのです。（＊グルコース消費量）

簡単に言うと、小さいのにめちゃくちゃエネルギーを喰う。燃費が悪い。

ただ、そのことは「脳」自体もわかっているので、

「脳」にはできるだけエネルギーを使わない機能が備わっています。

たとえて言うなら、スマホの低電力（省エネ）モードのようなものです。

スマホの電池を減らさないようにするには、どうすればいいでしょうか？

究極の答えは「スマホを使わない」だと思います。

はい、正解です。

じつは、脳もまったく同じ考えなんです。

究極のエネルギーの節約は、「脳を使わない」。

脳にとっての「脳を使わない」とは、

「考えない」＝「新しいことをしない」＝「いつもと同じことを無意識に繰り返す」ということです。

脳は「いつも通り」を繰り返すことで、エネルギー消費を節約しているんです。

なので、思い返してみると、あなたもこんな経験があるのではないでしょうか？

- 結局、いつもと同じメニューを頼んでしまう（脳の省エネ効果）
- いつも似たような服装ばっかりになってしまう（脳の省エネ効果）

● いつも同じ人とばかり会ってしまう（脳の省エネ効果）
● いつも同じお店にばかり行ってしまう（脳の省エネ効果）
● いつも同じ席にばかり座ってしまう（脳の省エネ効果）

思い当たることたくさんありますよね。

これらのことは、脳が「エネルギーを消費したくない」から、「いつも通り」でいいよと、勝手に私たちに行動指示を出しているのです。

私もスタバに行ったら気づいたら「いつも通り」ティーラテを頼んでいた。

なんてことがしょっちゅうあります。

あなたはどうでしょうか？

「毎日、同じことの繰り返し」にハマる人の特徴

こうして「いつも通り」は知らず知らずのうちに日常で繰り返されます。

そう、同じことが繰り返されるのです。

脳が省エネをしたいがためだけに。

勘のいい方ならもうお気づきですよね。

いつも通りが繰り返されると、いつも通りの記憶が強化されて、いつも通りが強く定着します（いつも通りを強く覚えます）。

強く定着している＝強く覚えている記憶は、思い出すのにエネルギーがかかりません。

簡単にたとえると、

● 定着が強い記憶＝毎日会っている人の名前を思い出す

● 定着が弱い記憶＝20年前に1度会った人の名前を思い出す

この2つを比較したら、強く定着している記憶（毎日会っている人の名前を思い出すほう）がエネルギーを使わないのは明白ですよね。

こうなると、脳は省エネできる「いつも通り」の記憶をつねに思い出して、何かするときにいつも参考にしてしまいます。

結果、「いつも通り」の行動をまた繰り返して省エネをさらに進める！　というのが、私たちの脳の特徴なのです。

なんて優秀なんだ！　私たちの脳は!!

でも、そのおかげで、結局、毎日同じことの繰り返しという沼にハマってしまうことになるんですよね。

どうやって抜け出そう……。

いえ、抜け出すのではなく、
この「いつも通りのループ」を使いこなすのが超一流の人たちの世界なんです！

超一流の「やる気の壁」を突破するコツ

「脳」は省エネのため「いつも通り」が大好き

脳の省エネ
「いつも通り」を選ぶ
いつもの朝食
いつもの道
いつものチャンネル
いつものメニュー
いつもの
ハイ！カツ丼！

17

〝自分設定〟でやる気を「全自動化」する

究極の「気づいたらできてたんだよね」状態

私たちの「脳」が省エネのために「いつも通り」を好むのであれば、次のような「いつも通り」を持つことができたら、あなたの人生はどんなふうに変わってしまうでしょうか？

- 何に対しても人よりも努力するのが「いつも通り」
- 初めてのことでも躊躇《ちゅうちょ》しないで挑戦するのが「いつも通り」

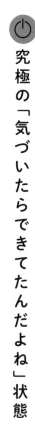

- イラッとしても冷静に、感情的にならないのが「いつも通り」
- やらなきゃいけないときに、スマホなどの誘惑を断ち切れるのが「いつも通り」
- ほかの人と意見が違っても気にせず自分の意見を言えるのが「いつも通り」
- 仕事や勉強を始めたら、8時間集中力が続くのが「いつも通り」
- 人前で緊張しないで話せるのが「いつも通り」
- 同僚や家族、パートナーに思いやりや、温かい言葉をかけるのが「いつも通り」

などなど。

これらのことを「あなたのいつも通り」にしてしまえば、**脳は省エネをしたいので、「いつも通り」のこれらの素敵な行動を無意識に実行するように指示を出してくれます。**

私たちが、がんばってこうしよう！　なんて思わなくてもです。

なんて、素晴らしいことでしょう!!　こんなことが、努力も、やる気も不要で行動できるようになった自分を想像してみてください!!

私たちの人生は凄いことになってしまいそうですよね！

向かうところ敵なし‼

自分の人生思い通りです。

嘘のような話ですが、でも、超一流と言われる「思い通りの結果を手にしている人たち」は、こういった感覚なのです。

「意識していないけど、なんか勝手に心臓動いてたんだよね」

と同じレベルで、

「気がついたら、自分が理想とする行動ができていたんだよね」と。

この領域に達すると、あなたは自分を変えるために、やるべきことを、もはやがんばらなくてもいいのです‼

ちなみに、私は**人それぞれが持つ、この「いつも通り」のことを「自分設定」と呼んでいます。**

スマホやパソコンと同じように、自分自身で自分のことをどんな設定にしているか？

その設定通り（いつも通り）に脳はこう動けと指示を私たちに出しているからです。

この「自分設定」（いつも通り）を変更してしまえば、あとは自動的に、勝手に動けて、勝手に得たい結果が得られてしまうのです。

では、その「自分設定」はどのようにしたら変えることができるのか？　についてお伝えしていきましょう。

超一流の「やる気の壁」を越えるコツ

超一流は「いつも通り」の〝自分設定〟がうまい

自分設定
＝
いつも通り をチェックしてみよう

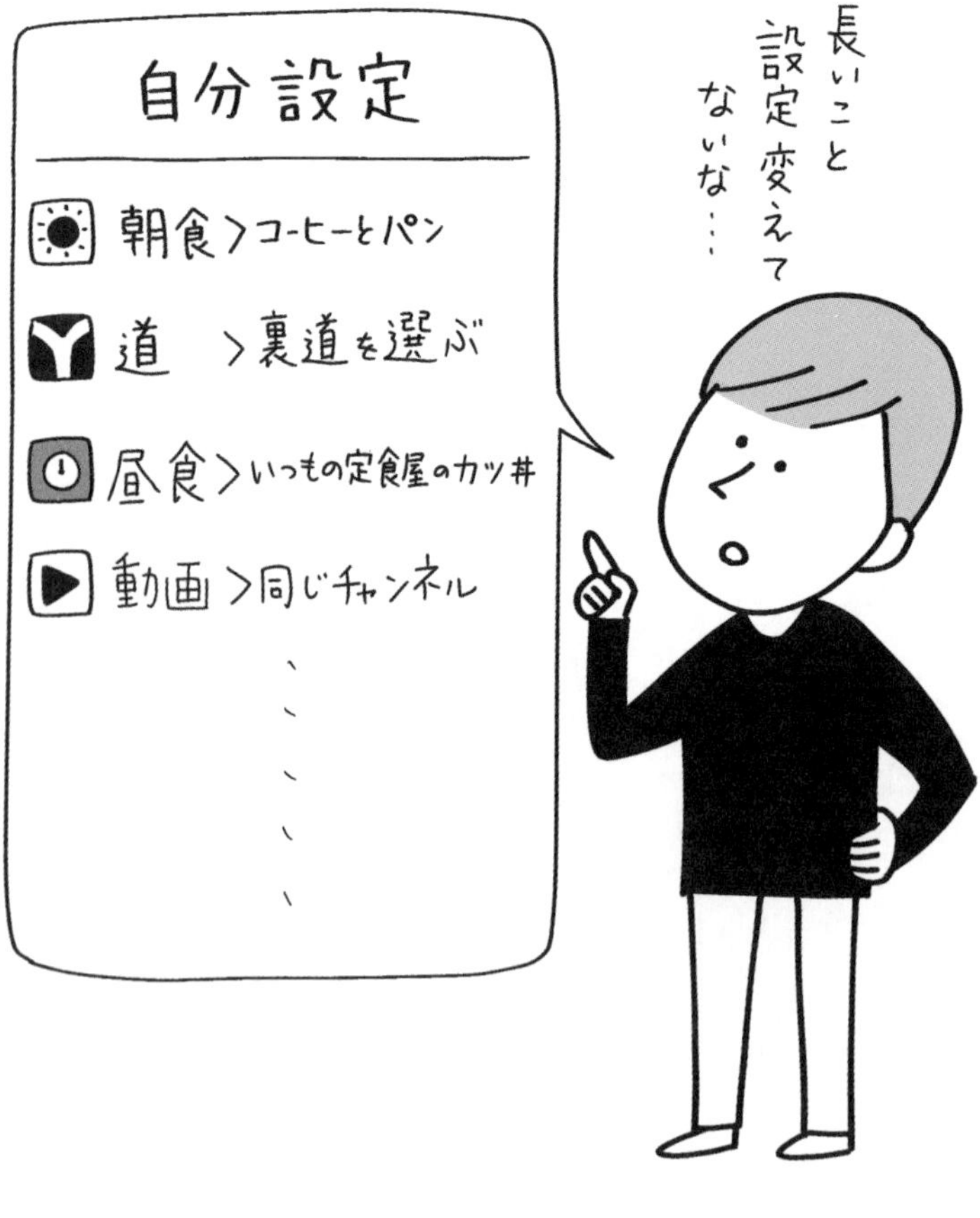

18

突然ですが、あなたの人生が変わる質問をします

あなたを変える17の質問――自分設定の確認

早速、あなたの「いつも通り」＝「自分設定」を変えていきましょう。

把握していますか？　自分設定。

まず、最初にやるべきことは、今の自分設定がどのようになっているかを知ることです。スマートフォンの設定を変えるのと同じで、なかには残して置いたほうがいい設定もあります。

たとえば、スマートフォンでも日本語設定を変えてしまったら、スマホの表示が

訳がわからなくなってしまいますよね。

ですので、まずは、自分設定を変更したいなら、どこが残すべき設定で、どこが設定変更するべきところなのかを、明確にしていきましょう。

今の自分の設定を知りたい場合は、次の質問の答えを紙に書き出してみてください。

- あなたはどんな性格ですか？
- あなたが大切にしていることはどんなことですか？
- あなたは自分のことを何歳だと思っていますか？
- あなたはイラッとしたときにどんな態度を取りますか？
- あなたは努力することに対してどう思っていますか？
- あなたは自分の見た目のことをどのように思っていますか？
- 朝起きたら、最初にすることはなんですか？
- 隙間時間であなたは何をしていますか？

- 帰宅したら、あなたは何をしている時間が多いですか?
- 休みの日にあなたは何をすべきだと思っていますか?
- あなたは未来の自分はどうなると思っていますか?
- あなたは上司に対してどんな態度を取る人ですか?
- あなたは部下・後輩に対してどんな態度を取る人ですか?
- あなたは家族に対してどのようなことをしていますか?
- あなたはピンチのときにどのような反応をしますか?
- あなたがうれしいと感じるのはどんなときですか?
- あなたは、自分のことをどんな人だと思っていますか?

いかがだったでしょうか。
自分のことを「わざわざ考えたこともなかった」という人も多いかもしれません。
なぜ、このように「自分設定」を考えてみることが大事なのか?
それは、**「自分の設定を知ると、初めて自分の設定を記憶に残すことができる」**

からです。

私のスマホって、Ｗｉ－Ｆｉ設定がオフになっているんだ。と認識して初めて、「オフになっているなら、オンにしよう！」という行動ができるのと同じ話です。

自分の設定ってどうなっているんだろう？　と考えることで、「私って自分のことをこう設定しているんだ！」と自分の脳が自分を客観的に認識します。（これを「メタ認知」と言います）

知るから、変えようと思うから、変えようと思える。

変えようと思うから、行動に移せる。ということです。

自分の設定がどうなっているのか？　って、じつはわかっているようでわかっていないモノです。

（私もまさか、あんな設定をしていたなんて知りませんでした〈焦〉＊次の項で公開しますね）

まずは、自分設定を認識するから、書き換えることができるようになるんですね。

この17の質問に迷うことなく答えることができた。

すべて、出てきた答えを認識していたよ。
という人は、完全に「あなたの人生が思い通りのものになる準備」が完了しているといっていいでしょう。

超一流の「やる気の壁」を越えるコツ

今の〝自分設定〟を書き出して脳に認識させる

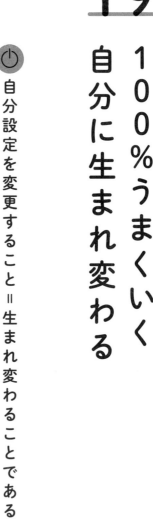

19

100%うまくいく自分に生まれ変わる

自分設定を変更すること＝生まれ変わることである

今の自分設定を確認したら、そのなかから、**この設定では「自分が理想としている状態」には、たどり着けるわけがない、というものを選んでください。**

たとえば、職場の人と気持ちよく働きたい、という理想を目指しているのに、同僚の人に「おはようございます」と挨拶していない、のように、その設定があったら理想とする状態にたどり着けるわけないでしょ！　という設定です。

私の場合なら、自分設定を書き出すことで、

「がんばってるんだから、食べたいものを、好きなだけ食べてもいい」という自分設定があることに気がつきました。

書き出してみるって大事ですね。

自分がこんなふうに設定していたことに驚きました。（汗）

これではせっかくパーソナルジムに通って割れそうな腹筋も、トレーニングをやめたらなくなって、体型も崩壊していってしまいます……。

理想とする姿、「40代になっても、筋肉質で腹筋が割れた体で健康的」という状態をこの設定では継続できないのは明らか。

このように、あなたもいくつかある今の自分設定で、この設定はちょっとな……と思うものをピックアップしてみてください。

そしたら、その設定をどのように変えれば、得たい結果が得られるのかを考えてみましょう。新しい自分設定を考えるわけですね。

私なら……。

● 理想とする姿「40代になっても、筋肉質で腹筋が割れた体で健康的」

●邪魔する自分設定←
「がんばってるんだから、食べたいものを、好きなだけ食べてもいい」

●新しい自分設定「食事制限をして、ジムにも継続して週2日通う」←
という感じでしょうか。うん、これなら理想の体型でいられそう。

ただ、これを見てあなたもこう思ったのではないでしょうか？

「そんな設定を変えるだけで動けたら、もうやってるよ!!」と。

いや、どちらかというと、

「そんなのストイックすぎて無理!!」という感じでしょうか？

こっちのほうがだいぶ、私の本心に近い感じです……。

ストイックな新しい自分設定だな……。

理想とする姿を実現するための新しい設定を書き出してみると、多くが「そんなことできたら苦労しない!!（怒）」というような内容になってしまいます。

しかし、それでいいんです!!!

えっ、いいの⁇

はい、いいのです。

なぜなら、**そんなの「無理だよ」と思える設定でも、定着させるコツがある**からです。そして、そのコツを知っているから、超一流の人たちはやる気の壁を突破して思うような人生を歩んでいるんです。

一体、そのコツとは何か?

自分へのハードルを下げる人から変わっていく

コツは2つあります。

1つ目のコツは、理想とする姿に近づくために設定した**「新しい設定の難易度を半分にする」**ことです。

私なら、新しく設定した「食事制限をして、ジムにも週2日通う」を、毎食食事制限は難しいから、1食は好きなものを食べていい、という感じで、難易度を下げます。

114ページで紹介した通り、人が行動的になる方法は、目標を小さくして小さいゴールをつくること。そこからも理にかなっていると言えます。

そして、なにより、これくらいならできそう！　と新しい自分設定の通りに動けたときの「未来記憶」のイメージが湧くことが大切です。

（1食は焼き肉に行ってもいいのか……。それならできそう！）

2つ目のコツは、**新しい設定を「ルール化」してしまう**ことです。

私の場合を例にすると、

● 新しい設定「食事制限をして、ジムにも週2日通う」

このレベルを半分にした新しい設定はこちら。

● 「2食は食事制限を1食は好きなものを食べていい、ジムにも2日通う」

まだこれだけだとおそらく実行できない可能性が高いでしょう。

なぜなら、曖昧な部分があるからです。

122ページでお伝えした通り脳は曖昧な部分があると動きを止めてしまいます。
そこで効果的なのが「明確なルール化」です。
ルールの力はものすごくて、脳はこれは明確なルールだ！　と認識すると
その通りに動いてくれます。
たとえば、どんなにやる気がなくても、赤信号だったら止まりますよね？
今日は、やる気ないから、赤信号で止まるのやめるか、とはならないはずです。
普通にひかれます。
新しい自分設定も、仮にやる気がなくても守れるように、
「赤は止まれ」のようにルール化してしまえばいいのです。
では、私の新しい設定を例に、
曖昧な部分をなくしてルール化することを一緒にやっていきましょう。
まず、「2食は食事制限を1食は好きなものを食べていい」は、
「2食食事制限する」が曖昧です。2食とはどの食事のことでしょうか？
朝ごはん？　ランチ？　夕食？

さらに言うと食事制限をするとはどういうこと？
何を食べていいの？
何を食べてはダメなの？
曖昧です。
また、1食好きなものを食べていいも曖昧ですね。
朝、昼、夜どの食事で好きなものを食べていいのでしょうか？
これらのことを改善して明確なルール化をしてみると、こうなります。

● 「朝、昼はサラダのみにする。夜は好きなものを食べていい」

こうすると、朝ごはんだ！　サラダ食べなきゃ。が、赤信号だ！　止まらなきゃ。
と同じ扱いになるわけです。

自分を変える最高のルール——難易度を1／2にする

そして、後半の「ジムにも週2日通う」の部分。

一見、明確なようにも思えますが、あなたももうおわかりですね。

これでは筋肉ムキムキになってしまうことを！！！

ではなく、曖昧な部分があり、ルールとしても守りにくいということを！

曜日を決めてしまうという方法もありますが、私の場合は突然のテレビや雑誌などのメディア取材などもあるので、こういうルールにしてみました。

これならやる気を出さずに、週2回通うことができます！

●「ジムに行ったら必ず次回の予約を入れて週2回通う」

いかがでしょうか？

これなら、赤信号だから止まる。と同じレベルで、ジムにきたから次回の予約を入れる。と、やる気を使わずに行動できますよね。

最終的に私の新しい自分設定はこうなりました。

●「朝、昼はサラダのみ、夜は好きなもの食べてOK。
ジムに行ったら必ず次回の予約を入れて週2回通う」

人によっては、これでもなんてストイックなルールなんだと思うかもしれませんが、重要なのは**「自分の感覚で難易度を1／2」にすること**です。

あなたがこれならできそう！ と思えるハードルまで下げることが重要です。

そして、当然このルールを守りたい！ というやる気を「ギャップモチベーション」を使って引き出すために、ルールを実行したときの未来記憶をちゃんとつくることも忘れないでくださいね。

超一流の「やる気の壁」を越えるコツ

自分への設定は難易度1／2の甘めの設定にしよう！

自分設定の変更のしかた
今の自分設定
昼食＞いつもの定食屋のカツ丼
950kcal
この設定を変えよう！
STEP1 設定変更
カロリー制限する
カロリーの低いなにか
あいまい
STEP2 具体的に
ランチはサラダのみにする
350kcal
ストイック！
STEP3 難易度½に
昼食＞平日は2日に1回サラダのみに
新しい自分設定
フリー
フリー
これならなんとか！
自分設定の変更完了！

20 脳の〝省エネ機能〟を使うと人生うまくいく

「やる気があふれて止まらない状態」のつくり方

前項での手順に従って、「難易度1／2にした明確なルール」を守るということを繰り返すと、これがあなたの「いつも通り」、つまりは、自分設定になります。

あなたの新しい設定はどんなものになりましたか？

その設定が「いつも通り」になってしまったら、あなたはどんな自分になってしまいそうですか？　まわりの人から、どんな尊敬の眼差しで見られるでしょう？

新しい自分設定とは「**勝手に自分を変えてくれる自動運転システム**」と言えます。

ルールとして設定してしまえば、「やる気ないけど赤信号守るか」と同じように、「やる気ないけど、勉強するか」と、自分を動かしてくれるのです。

やる気のありなし関係なく、仕事などで自分の得たい結果、経済力や自由などあなたの望む姿にあなたを近づけてくれるのです。

そんな「全自動」で、何でも実現してしまう世界へとあなたをお連れするために、**「新しい自分設定を意識しないでも実行できるレベル」**という最強の状態にあなたを仕上げていきたいと思います。

では、どうしたら「新しい自分設定」を「意識しないで」できるようになるのか？

答えはとても簡単です。前項の手順で作成した、**「新しい自分設定」の明確なルールをただ繰り返すだけ。**です。

赤信号で毎回止まるように、私たちの脳は「繰り返す」ことで、自動的にルールが脳に定着するのです。

たとえば、こんな経験はないでしょうか？

気がついたらいつも一緒にいる人の言葉遣いが移っていた。

さて、なぜでしょうか？

それは、一緒にいる人の言葉を、何度も「繰り返して」聴くから、自然と脳に記憶として定着してしまうからです。そして、自分が話す言葉を選択するとき、気がつかないうちに繰り返されて定着した記憶から選んでいるというわけですね。

こうして、「繰り返し」使えば使うほど、脳はこの場面でこの言葉を選ぶのが「いつも通りである」と認識します。145ページのように、脳は省エネをしたいので、次第に「いつも通り」その言葉を使うようになるわけです。

ただし、今、あなたはこう思いましたね。

「なんか、新しい自分設定を『繰り返す』こと自体に『やる気が必要』とか、「なんか大変そう」と。

お見通しです。

しかし、それについては、安心してください。

ここまで読んだあなたはその対応策をもうすでに知っているはずですから。

そう、「未来記憶」です。

超一流の「やる気の壁」を越えるコツ

未来記憶の力で、新しい自分設定を反復して定着させよう！

73ページを参考にして、「未来記憶」の力を使って、新しい自分設定が定着している自分のイメージをつくってください。

あなたの新しい自分設定が定着したら、どんな自分になりますか？

まわりからの反応はどう変わるでしょうか？

どんなオイシイ思い……ではなく、どんないいことが起きるでしょうか？

ギャップモチベーションで新しい自分設定を定着させてくださいね。

ちなみに、一般的に新しい自分設定は21日間で定着すると言われています。

21 〝設定変更〟で手強い自分を攻略する

完璧主義の自分設定を変更した社長さんの話

自分設定の変更で本当に自分を変えることができるのか？

そもそも、自分設定のハードルを下げるってどういうことなのか？

この疑問を一発で解決してくれる実例があるのでご紹介しましょう。

測量の会社を経営しているBさんの話です。

Bさんは17の質問に答えていくなかで、

自分設定として「完璧主義」があることに気がつきました。

そして、その完璧主義は、自分のみならず従業員の方など、ほかの人にも求めてしまう設定になっていることにも気がつきました。

さらにさらに、この「完璧主義を求める」設定から、自分もほかの人も「仕事は無理をしてでも終わらせないといけない」という設定も派生してできあがっていることにBさんは気がつきました。

なんともストイック!!

一見すると、仕事ができる人！　の自分設定のようにも思えますよね。

しかしながら、Bさんの理想としている姿は、

「自分自身も従業員の方も毎日充実感を持って気持ちよく仕事をすること」でした。

そこで、Bさんは、仕事は順調なのに日々、充実感や幸福感が思ったよりも得られていない状況を改善するために、私の心理学の講座を受講してくれました。

まず、経営者のBさんは完璧主義から派生して生まれた

「仕事は無理をしてでも終わらせないといけない」

という自分設定が、**理想とする姿につながっていないと気がつきました。**

なので、**まずはこの部分のハードルを下げて新しい設定に変えることにしました。**

完璧主義だと、息が詰まるし、ましてやそれを従業員の方にまで求めてしまったら、求めるほうも、求められるほうも疲れてしまいますからね。

そこでBさんが新たに設定した理想の状態に近づき、かつ、ハードルを下げた自分設定は次のようになりました。

●旧設定「無理をしてでも仕事は終わらせないといけない」

↓

●新設定「無理をしないで仕事を終わらせばいい」

180度正反対にも思える、Bさんからしたら画期的な新しい自分設定!!

さて、この新設定にしてBさんと、Bさんのまわりにどんな変化が起きたと思いますか? 結局、新しい設定が守れず、部下に厳しくしてしまった……。

とは、なりませんでしたよ!

設定を変えたら部下からの信頼度も爆上がり

講座期間中に、Bさんの測量の仕事の現場で、こんな出来事があったそうです。

その日の測量作業の現場はあいにくの天気で、
雪まじりの大雨と突風で、凍えるような寒さだったそうです。

作業も終盤にかかっていましたが、天気は厳しくなる一方。

Bさんと共に作業をしている従業員の方も、見てわかるほど寒さに震えている様子。従業員の方も体力が限界にきているのは明らかでした。今までのBさんなら、

「無理をしてでも仕事は終わらせないといけない」

という設定でしたから、寒かろうが、暑かろうが、仕事なんだから無理してでも最後までやりきる、というスタンスでした。

しかし、このときは新しい自分設定、

「無理をしないで仕事を終わらせばいい」

に設定変更した後だったので、凍える従業員の方に対して、なんと！！！

「よし、いったん車で温まってから続きをしよう」

と優しく声をかけたそうです。

今までの完璧主義の無理してでも仕事はやり通す！　というBさんからは想像もできないひと言に、寒さに震えていたにもかかわらず従業員の方が思わず、

「えっ？　終わらせなくていいんですか？（えっ、社長、どうしちゃったんですか？）」

と聞き返すほど驚いたそうです。

それに対しても、新設定のBさんは、新設定通り、

「大丈夫。風邪ひいたら大変だし、休もう」

と声をかけて車で暖をとったそうです。

すごい！！！

実際、その後は、休んだことで作業効率も上がり、結果的に仕事も早く終わり、従業員の方との信頼関係も今まで以上に感じられるようになったそうです。

自分のなかの1つの設定を変えて、その設定通りに動いてみる。

その結果、自分が理想とする状態に近づけたとてもいい例だと思います。

そして、**「設定を変えるだけで自分を変えることができる」**ということも教えてくれましたよね。

本当に素敵な人なんですよね、Bさん。

自分設定を新しく設定し直して、ますます素敵な方になられました。

さて、あなたはどの設定をまずは変えてみたいでしょうか？

超一流の「やる気の壁」を越えるコツ

自分設定を変えると、信頼関係もさらに強くなる

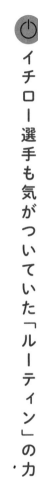

22

ルーティンこそ「ビジネスマン最強の武器」

イチロー選手も気がついていた「ルーティン」の力

「ルーティン」という言葉を聞いたことがあるでしょうか?

最近ではYouTube動画の人気ジャンルの1つにもなっているので、ご存じの方も多いかもしれません。

スポーツが好きな人だと、元メジャーリーガーのイチロー選手がシアトルマリナーズ時代に試合前は毎日カレーを食べていた、であったり、打席に入るまでの一連の動作がいつも同じ、といったことをきっかけに「ルーティン」という言葉を知った人もいるかもしれません。

さて、ここで重要な質問です。

「あなたはどんなルーティンを持っていますか？」

この質問を言い換えると、

どんなルーティンを自分が持っているかを「認識」していますか？

そして、そのルーティンは、あなたの実現したいことにつながっていますか？

というのも、「ルーティン」こそが最強の「いつも通り」だからです。

人生を変えるルーティンのつくり方「5STEP」

145ページでお伝えした通り私たちの「脳」は「いつも通り」を好みます。

「私たちの脳は」やる気あるなしに関係なく「いつも通り」を選択して、

「いつも通り」体を動かします。

理由は、脳は省エネしたいから。

新しい何かをすることでエネルギーを使いたくないから、でしたね！

その「いつも通り」が連なった流れであるルーティンが、すべてあなたの目標や実現したいことにつながっているものになっていたら、どうでしょう？

やる気を出さずに、毎日同じことを繰り返すだけで夢が実現してしまうことになってしまうのです。

毎日をただ過ごすだけで、なりたい自分になれてしまいますし、目標も達成してしまいます。

そんなのはっきり言って反則技です。

そんな夢のような状態へと、あなたを連れていってくれるルーティンは、たった5つのステップでできあがってしまいます。

①自分が実現したい目標、なりたい姿を明確にする。
②①を実現するためにはどんなルーティンがあると、①に近づけるかを決める。
③②で決めたルーティンを繰り返す。

④定着したら、あとは赤信号だから止まる。くらい何も考えずに、毎日実行。
⑤目標が実現する。

とおそろしく簡単なこの流れを、**あとはあなたが「実行」するだけ**です。

えっ？　これだけ？

と思う人がほとんどだと思いますが、重要なポイントは、**ほとんどの人が「ルーティンを意識してつくったことがない」**というところにあります。

たとえば、あなたが職場に着いてから、行う動作の順番は、**自分の目標や実現したい未来記憶をつくり、そこに近づくために必要な動作として、1つ1つ作業の順番を決めたものでしょうか？**

なんとなく、いつもこうだからという形で、それが定着していませんか？

これまでの流れの積み重ねのなかで、ルーティンは自分の意図とは別に、意識することなくできあがってしまうものなのです。

ですから、先ほどの5ステップに則《のっと》って「考えて」つくるだけで、とてつもない効果が生み出されてしまうのです。
今までのルーティンはなんとなくで、できあがってしまったものでしたからね。

人に話したくなる驚くべき「ルーティン」の威力

わかりやすいように例もお伝えしておきましょう。たとえば、
人前で話すのが苦手。
上司などへのプレゼンのときにも緊張してうまくしゃべれない。
という人がいたとしましょう。
そんな自分を変えてしまうルーティンのつくり方から定着するまでは、
このような流れになります。

①自分が実現したい目標、なりたい姿を明確にする。

● 「人前で緊張せずに話せるようになる」

最初から「完全に緊張しないでしゃべれる」を目指すのではなく、クリアできそうな、ゴールにつながる小さいゴールを設定します。難易度を下げて、

● 「毎日、職場に着いたら知っている人には自分から挨拶をする」

を最初の目指す小さなゴールに設定にしました。

②①を実現するためにはどんなルーティンがあると、①に近づけるかを決める。

(1) 朝起きる
(2) シャワーを浴びる
(3) シャワーを浴びたらワイヤレスイヤホンを片耳に入れる
(4) YouTubeで元気よく挨拶している人の動画を流す。(自分が挨拶しているイメージ練習)
(5) 通勤途中にわかる範囲内で職場で会う人のSNSなどを見て、その人の顔を事前に見ておく(朝会ったときの緊張をほぐすため)。
(6) 「毎日、職場に着いたら知っている人には自分から挨拶をする」

というルールに基づいて行動する。

③②で決めたルーティンを繰り返す。
もちろん、ルーティンを繰り返す「やる気」は、未来記憶を使ったギャップモチベーションを使う。
④定着したら、毎日実行。
ルーティンが定着したことで、人に会うと反射的に自分から挨拶してしまうので、知らない人にも挨拶するようになる。
⑤目標が実現する。
結果、人前で話すときも緊張しなくなった。


このように日常のなかで仕事を始める前のルーティンとして「自分から挨拶をする」というのを組み込むだけで、「なりたい自分の姿」に近づくことになってしまうのです。

ただし、1つだけ注意点があります。

それは、**ルーティンをつくりすぎないこと**です。

何個も定着しないルーティンがあると、「このときってどうすんだっけ？」とわからなくなってしまいます。

ルーティンの肝は、毎日繰り返すことにあるので、**まずは1つルーティンを決めて、その1つが定着するまでやり続けるのが、あなたの人生を変える近道**です。

超一流の「やる気の壁」を越えるコツ

ルーティンは1つずつつくり定着させる

23

ふつうの会社員がルーティンで人生を変えた

自信がない人が変わったルーティンの実例

あなたがルーティンを最強の武器にして、ほかの誰よりも早く人生を変えられるように、ここでルーティンを味方にして、人生を変えてしまったCさんの話をご紹介しましょう。

Cさんは、30代の会社員の男性でした。

最初は、私の心理学の講座に、「自信がない自分を変えるため」に通ってくれていました。

しかしです!!

なんと、講座の受講が進むにつれて自分に自信をつけ、もう1つの夢だった会社からのお給料以外の収入源をつくるということまで実現してしまったのです。

その大きな要因の1つとなったのがCさんのルーティンにありました。

前項の人生を変えるルーティンのつくり方5STEPに沿って、Cさんもルーティンをつくって人生を変えてしまったので、ご紹介しましょう!

①自分が実現したい目標、なりたい姿を設定する。

Cさんの目標は、「自分に自信を持つこと」。そして、会社だけに頼るのは不安だったので「会社員以外の収入源をつくること」でした。

②①を実現するためにはどんなルーティンがあると、①に近づけるかを決める。

まず自信をつけるためにCさんが設定したルーティンは、

(1)朝起きたら一番初めに、私の心理学の講座の音声を流して、出かける準備をする

（２）出社の通勤時間は、ワイヤレスイヤホンで心理学の講座を継続して聴く
（３）職場に着いたら、「今日やれる」仕事のタスクを書き出す
（４）タスクが完了したら「スゴイ！」と言って、書き出したタスクを横線で消す

というものでした。

朝起きたら心理学の講座の音声を毎日流すことで、気持ちを前向きに設定する。

そして、ポイントなのが、職場に着いたら「今日やる仕事のタスク」を書き出すという部分です。

そんなこと自分もやってる！　という人もいるかもしれませんが、

書き出すのはＴｏＤｏリストではありません！

ここに秘訣がありますよ。

書き出すのは**「今日やれるタスク」**という部分がポイントです。

「今日やれるタスク」とは、

● 取引先のＸ社に電話をする。
● 総務部のＹさんにメールをする。

- 社内メールを確認する。
- Z社への見積書の見積もり計算をする。
- プレゼン資料の表紙から3ページまでつくる。

などのように、

できるだけ小さい単位で、「今日絶対にできる量だけ」書き出すのです。

そして、取引先X社に電話をしたら、

「取引先X社に電話できた！　スゴイ‼」と言って、横線でタスクを消す。

ここがポイントです。

（もちろん、声に出せるかどうかは自身で周辺環境を見て判断してくださいね（笑））

これをすると、心理学で言う、自己効力感という自分自身の能力に対しての自信を高める効果があるんです。

これを繰り返すと「できた！」「できた！」「できた！」が積み重なって、結果これが自信となるわけです。

Cさんはこのことを私の心理学の講座で学び、実践しました。

そして、1ヵ月も過ぎたあたりからCさんに変化が起きます。
自分でも実感できるほど、他人の目を気にしなくなり、
自分に自信を持っていることに気がつくのです。

会社員とは別の収入の柱を大構築（実話）

さらに、これだけではなく、ルーティンの5番目、6番目として、
（5）会社から帰宅する際は、ワイヤレスイヤホンで投資の勉強をする。
（6）帰宅してからも、片耳だけワイヤレスイヤホンをして投資の勉強を1時間継続する。
というルーティンも設定していました。

その結果、Cさんの目標でもあった、会社からのお給料以外からも収入を得るということも実現することができたのです。

3ヵ月の講座終了後もこのルーティンは続けているそうで、お給料以外からの収

入がそろそろ会社員の収入に追いつきそうですとうれしそうに報告してくれました。

さて、あなたはどんなルーティンを定着させたいでしょうか？

もちろん、おわかりのように、ルーティンを設定するには、

「まずはあなたがどうなりたいのか？」

が明確じゃないとつくることはできませんよね。

こんなルーティンをつくってみたら、これまでの苦労が嘘のように物事が進み始めちゃいました！　というあなたの声が届くのを楽しみにしています！

超一流の「やる気の壁」を越えるコツ

ルーティンが変われば、人生が変わる！

Before（ルーティンなし）
あっ！
忘れものした…
もうこんな時間！
仕事終わらない〜
After（ルーティンあり）
ルーティン①
朝30分勉強
ルーティン②
明日着る服の準備

第4章

世界一カンタンに自分を変える方法

365日続く「やる気」を育てる7つのテクニック

せっかく「やる気に頼らずに」動けるようになったのに、「なんか、やる気なくなった……」となってしまったらもったいないですよね。

せっかくギャップモチベーションで「やる気」をコントロールすることができたのに、やる気がなくなってしまったらすべてが台無し。水の泡。

あなたの人生も行動が止まってしまったら、変わることもありません。

また、元の生活に逆戻りです。

そんな事態を防ぐためにも、**365日ギャップモチベーションが続くための7つのテクニックをお伝えしていきます。**

24 やる気を破壊する「地雷」の正体

一瞬で心が折れる「やる気の地雷」

よかれと思ってやったのに、相手の地雷を踏んでしまった。

そんな経験ありませんか？

もしくはいつも地雷を踏んでいる人が身近にいるという人も多いかもしれません。

じつは、「やる気を出す」ことにも、よかれと思ってやっていることが、逆に「やる気をなくす地雷」を踏んでいたという悲劇のパターンがあるんです。

そんな「やる気の地雷」はギャップモチベーションには欠かせない、「目標設定」

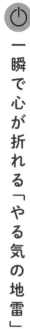

に潜んでいます。

目標設定に潜んでいるやる気の地雷とは、

「物質主義的な成果を目標にする」ということです。

これを目標にすると、やる気がドカン！　となくなります。

物質主義とは、金銭であったり、何かモノを手に入れたり、所有したり、占有するなど、経済的なことを意味しています。

えっ？

それって結構目標にしがちじゃない？

と思ったかもしれませんが、そうなんです。

これまで、このようなことを目標だったり、夢だったり、叶えたいことに設定していた人は、地雷を踏んでいますよ。

お怪我ありませんか？

大丈夫ですか？

なぜ、物質主義的な成果を目標にしてしまうことが、やる気の地雷なのか？

それは、
経済的な「成果だけ」を目標に設定すると、心が折れやすくなり、途中で動きをやめてしまう危険性がある。

ことが科学的にわかっているからです。

メンタルがポキッ！　と折れて、やる気も消滅。

そんな事態をあなたに巻き起こしてしまう可能性があります！

メンタルを粉砕する地雷の破壊力

このことはアメリカ・ノックス大学の研究で明らかになっています。

被験者118～251人に、それぞれ自分の未来のゴールを設定してもらいました。すると、目標の立て方が大きく分けて2つのグループに分かれたんです。

1つのタイプは、たとえば「今月の営業数字の目標は○○円！」というように、「お金や物品、数字を目標にする」グループ。

もう1つのタイプは、**お金や物品、数字よりも気持ちを大切にするグループ。**

たとえば、「お客様を100人笑顔にする！」これが実現したら「今月の営業数字の目標○○円も達成できる」。

目標としては最終的には、どちらのタイプも営業数字の達成につながっているのですが、最初のグループは自分の物欲や名誉などを満たすための目標の設定の仕方。

後者のグループは、**誰かに貢献することで、自分の心も満たしたうえで、目標数値も達成したい**という違いがあります。

あなたは、どちらのタイプの目標設定の仕方をしているでしょうか？

この研究では、その後、6ヵ月後、2年後、12年後に、この2つのグループの充実感や幸福感がどのように変化したかを追跡調査しました。

結果、最初のグループは、**目標を達成した、していないに関係なく、充実感、幸福感が低下していた**のです。

もう一度、言います。充実感、幸福感が低下していました。

「お金や物品、数字を目標にした」グループは、地雷が爆発して、やる気を失ってしまっていたのです。

心が折れない人は目標設定でこんな工夫をしている

一方で、**「人の役に立ちたいという気持ち」を目標に反映したグループは、なんと、時間が経つにつれて充実感、幸福感が上昇**していました。

このグループは、**目標を設定して動き出したら、途中でやる気がなくなるどころか、さらにやる気がどんどん増えていき、行動することが継続できていた**わけです。

金銭的な欲や物質的な欲、ほめられたい！　などの名誉欲を目標にすると、それを達成できなかったときに気持ちが折れてしまいます。

なぜなら、この目標設定の方法では、達成できた、達成できなかった、の「0」か「100」かの2つしか結果がないからです。

しかし、今回のように「お客様を100人笑顔にしたい！」という目標なら、仮に目標が未達成でも「お客さまを82人は笑顔にできた！」と**貢献できた気持ちで心**

が満たされるのです。

この充実感が、仮に目標が未達成でも、また次がんばろう！　ということにつながる。つまりは行動し続けることができることにつながるんですね。

物質主義的な目標。単純に、目標を達成したか、していないか、だけの目標は、心を折ることになってしまう、まさに「やる気の地雷」になってしまうわけです。

あなたの目標は気持ちにもフォーカスした内容になっているでしょうか？

もし、なっていないようでしたら、今すぐ、やる気の地雷を撤去すべく、気持ちの目標も加えてみてくださいね。

超一流の「やる気の壁」を越えるコツ

目標に「誰の役に立つのか？」も入れると、心が折れない

お金や数字だけを目標にすると
今月は先月の2倍を目標にするぞ！
目標
100
0
目標 結果
途中でやる気なくなっちゃった…
達成できず…！
気持ちも目標に入れると
お客様を100人笑顔にするぞ！
100人
82人
目標 結果
82人笑顔にできた！
達成しなくても、
やる気が続く！
もっとがんばるぞ!!

25 超一流が結果よりも成長を大切にするワケ

「結果」よりも大切にしないといけないこと

「結果が出せそうだからやる！」

「結果が出せそうにないことはやらない」

という考え方は、どんどん自分を弱体化させて、最終的に何に対してもチャレンジできず行動できない人になり、人生を破滅させる。

とまでは書いていませんが、悪影響があることは128ページでお伝えしましたね。「やる気の壁」を突破した人たちは、つねに「やる気の壁」を突破し続けて、新しいこと、困難なことにチャレンジし続けることができています。つねにです。

1つ何か達成しても、それに満足することなく、次々チャレンジできるなんて凄すぎですよね。でも、一体、そんな「チャレンジできる勇気」はどこから生まれてくるのでしょうか？

その秘密はですね、「やる気の壁」を突破した超一流の人たちが、「結果」よりも大切にしていることにありました。

「結果」よりも大切にしていることです。

あなたが、結果よりも大切だと思うことはなんでしょうか？

超一流の人たちが大切にしていること、それは**「成長」**です。

「やる気の壁」を突破して、思い通りに行動をしている超一流の人たち。

自分の人生を思い通りに生きている人たち。

そんな人たちが、なぜ、結果よりも成長を大切にしているのでしょうか？

そう言われても……。

やっぱり手っ取り早く、**自分の願望、欲望への結果が欲しい!!**

とチラッとでも思ってしまったことはここだけの秘密にしておきましょう。

話を戻して、なぜ、超一流の人は、結果よりも成長を大切にするのか？　という話です。たとえば、今月の仕事の目標（結果）が達成できなかったとしましょう。

もちろん、

「なぜ達成できなかったのか？」

「どうしたら達成できるようになるか？」を振り返ることは大切です。

ただし、それだけだと、私たちの脳には「達成できなかった」という記憶だけが残ってしまうことになります。

そして、翌月、また目標を達成できないとなると、また達成できなかった振り返りをする。これでは、

「自分は目標達成できない人間だ」

という**ネガティブな記憶が反復して刻まれます。**

何回も繰り返される出来事は強い記憶として定着してしまうので、行動を起こしたい！　という感情に悪影響が出てしまいます。

自分を変えられる人は「結果を無視する」

さぁ、ここでポイントになってくるのが**「成長を振り返る」**という部分です。

目標が未達成であったとしても、

「前回よりもできたことはどんなところがあるか？」

「この部分はなぜ売り上げを伸ばすことができたのか？」

「今月学びになったことはどんなことがあるのか？」

というように、成長している部分に、意識的に目を向けることで、

「目標を達成できなかった」という記憶から、

「自分は成長している」という過去記憶に変えることになるのです。

「先月は営業目標は未達成だったけど、ここと、あそこは前回よりもよくなった。

確実に目標に近づいているぞ！」という記憶が残れば、また翌月も、

「今月はこんな工夫をしてみよう！」

と次への行動意欲にもつながり、**行動が止まることもありえない**のです。

やる気の壁を突破した超一流の人たちは、どんな結果であろうと、**自分を動かす成長の過去記憶をつくるのがうまい**ということですね。

科学的に証明!「自分へのダメ出しで、メンタルが弱くなる」

結果にではなく、成長にフォーカスすると意欲が高まることは科学的にも明らかにされています。成長にフォーカスするようになると、自分1人の力だけではなく、いろんな人に助けられているんだなという感謝の気持ちを持つようになります。

ここがポイントです。

アメリカ・カリフォルニア大学バークレー校の研究では、**自分にダメ出しをする人よりも、感謝の気持ちを感じている人のほうが成長意欲が高く、心が折れにくい。**

すなわち、行動が継続する、ということがわかっています。

「結果だけ」を見て、達成しなかった、ここがダメだった、とダメ出しを続けるだけでは、行動を続ける気持ちがだんだんと減退していくのも納得です。

1ミリでもいいから、意識して自分の成長した部分を探し、実感する。

そして、その成長に関わってくれている人に感謝する。この循環をつくり出すことができれば、折れない心を磨き上げることにつながるのです。

今日から、たとえどんな結果であったとしても、自分が成長した部分を探せる達人になってみましょう。その積み重ねが、あなたのいつまでも行動できる折れない心をつくり上げることになります。

超一流の「やる気の壁」を越えるコツ

どんな結果でも、自分の成長した部分を探せ！

自分へのダメ出し
NG
結果に着目
NG
結果でなかった…
自分はダメだダメだダメだ
チャレンジなんてしなければ…
成長を振り返る
OK!
結果がでなかっただけで
こことここは伸びてる!
成長してる!!!
今度はこんな工夫してみよう!

26 売り上げが100倍になった実話

夢を叶える人は「結果を無視する」

私はこれまで1万5000人以上の人が参加してくれた講演会や勉強会などとは別に、623人の起業家のコンサルティングをしてきました。

その際にもっとも大切にしていることの1つが前項で紹介した、結果よりも成長にフォーカスする、ということだったんです。

これを徹底したことにより売り上げが100倍になった事例さえあります。

オリンピック競技の開催地の公式インスタグラムアカウントのマネジメントや、

国土交通省、東京都などでＷＥＢブランディングの講演もしている、Ｄさんの話をご紹介しましょう。

今や会社の売り上げは１００倍です。

それくらい、結果にではなく成長にフォーカスするって、人生を変える力を持っているんです。

１００倍ってスゴイな……。

今でこそ輝かしい実績を持っているＤさんですが、私がコンサルティングの依頼を受けたときは、月の売り上げが数十万円という起業初期の段階でした。

Ｄさんは個人にＷＥＢブランディングを教えるスクール事業もしていたのですが、この立ち上げ段階で私がしたことは、まさに前項の「結果よりも成長にフォーカスしてアドバイスをする」ということでした。

Ｄさんがまだ起業初期の頃の話です。

Ｄさんのスクールでは、入学を希望する方と１人１人丁寧に面談をしてから入学できるしくみになっていました。

しかし、当初は、面談をしたのに入学を決める人の数が思うように伸びなかったのです。

とはいえ、それもわずか3週間くらいだったのですが。

急に面談をして入学を決める人が殺到するようになって、コンサルティングをしてアドバイスをしている私も驚いた記憶が鮮明に残っています。

そのときに私がしたアドバイスが

「結果にではなく、成長にフォーカスする」ということでした。

そのときに、Dさんと私で何をしたのかというと、Dさんが行った入学希望者の方との面談を1件ずつ全件、一緒に、振り返りをしたのです。

「この人との面談で、できるようになった部分はどんなところだろう？」

「この人との面談では、どんな気づきがあった？」

「この人との面談で、学んだことはどんな部分？」

「この人との面談での気づきを、次にどう活かせそう？」などなど。

ときにはDさんが行った50人近くの面談を、何時間も何日もかけて2人で1件1

件細部のやり取りまで振り返りをしました。

ただし、振り返るのは、

● 面談にきてくれた○人中、何人が入学してくれた

という結果だけではなく、すべて、

● この面談で自分ができたこと

● この面談から学んで成長したこと

● 今回の学びを次に活かせると、どんな成長ができるか？

と、**とにかく「成長」にのみフォーカスした振り返り**です。

「なんで、この人は入学しなかったんだ！　理由を言え！！！」

というような、時代錯誤のダメ出しなどは一切ありませんでした。

（そんなことしても、効果がないのはここまで読んでいるあなたが一番よくわかっていますもんね）

とにかく自分たちが成長した部分、これから成長できる要素だけを探すミーティングをDさんと重ねたんです。

人生のトラップは「結果思考」にあり

よく、上司が部下に対して、営業目標が未達成のときに、結果だけを見てダメ出しをすることがありますが、それは科学的に見ても効果がありません。

前項にもあった通り、突き抜けた結果を出す超一流の人は、結果を無視して、成長にフォーカスをします。

Dさんの場合も結果に一喜一憂するのではなく、たとえ自分が望んでいた結果ではなかったとしても、そこから成長した部分はないか？　ということにフォーカスし続けていました。

だから、驚くほどあっという間に会社の売り上げも100倍になり、行政などからも仕事の依頼が来るようになったのだと思います。

ここだけの話ですが、このDさんは623人いる教え子のなかでも、ズバ抜けて「結果よりも、ここはできるようになった。さらに、もっと自分が成長できることはないだろうか？」

という成長思考を持つ起業家の1人でした。

そりゃ、結果もついてくるというものです。

この話、仮に営業をしている人なら、営業成績が目標未達成であっても、ここがダメだった、とダメ出しをするのではなく、

「○○社と□□社からは契約がもらえた。この部分は成長しているな！　次に活かそう！」と成長ポイントに目を向ける。

仮に子育て中の人なら、子育てでイラッとしないと決めているのに、ついイラっとして怒鳴ってしまったとき、また怒鳴ってしまった……と自分にダメ出しをするのではなく、怒鳴った後に、

「怒鳴ってしまった、とちゃんと気づけている！」

と**前よりも1ミリでも成長しているところを探してみてください。**

前項でもお伝えした通り、自分へのダメ出しは絶対にダメです！

結果を無視して、成長に目を向けるというのはそういうことですからね！

自分へのダメ出しをやめれば、
Dさんのように売り上げが100倍になることだってあるのですから！
人生を変えたければ、結果を無視して、成長ポイントを見つける!!
これは、絶対法則ですね！

超一流の「やる気の壁」を越えるコツ

結果を無視して、成長ポイントを見つける天才になろう！

27

「寝ずに努力した」という武勇伝に騙されるな

誰もが見落としている「やる気」の落とし穴

会社の売り上げが100倍になるなんていいな……。

という欲望に引きずられながらも、あなたのために次の話題にいきましょう。

私たちの行動をコントロールする「脳」には、

次から次へといろんな欲求が生まれます。

そこで、1つ問題です。

次の欲求のうち、あなたの脳はどれを優先させると思いますか？

●お金が欲しい。
●好きな人に会いたい。
●ほめられたい。
●出世したい。
●旅行に行きたい。
●会社の売り上げを100倍にしたい。←しつこい

答えは決まったでしょうか?
では、その答えを覚えたままで、次の第2問の答えを考えてみてください。
次の欲求のうち、あなたの脳はどれを優先させると思いますか?

●お金が欲しい。
●好きな人に会いたい。
●ほめられたい。

- 出世したい。
- 旅行に行きたい。
- (息を止めているので)息をしたい。

さて、この場合の答えはどうでしょうか?

答えは言うまでもなく、「息をしたい」ですね。

第一問では、どれだろう? と悩んだのに、「息をしたい」が入ってきただけで、まずは「息をすることを優先させなくては!」と誰もがすぐに感じたと思います。

じつはこれが、**やる気を絶やさないための大きなヒント**になります。

やる気を絶やさないヒントということは、あなたの人生で夢や目標を叶え続けるためのヒントとも言い換えることができます。

「脳を安心させる」それが最低限の絶対条件

さて、なぜ、先ほどの質問で、「息をしたい」が最優先されたのでしょうか？
もちろん、息をしないと死んでしまうから、なのですが、
もう少し詳しくメカニズムを解明してしまいましょう。
このメカニズムを解き明かすというのは、あなたがイマイチやる気になれない。
そんな現象を解き明かすことにもなりますよ。
まず私たちが知る必要があることは、
私たちの人間の脳は優先する順位が決まっている。
ということです。
脳のなかでの優先順位がわかると、
私たちのやる気もコントロールしやすくなります。
どんな優先順位になっているかというと、ざっくりと考えたときに、もっとも優

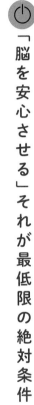

先されるのが、生命の維持に関わる欲求。

（呼吸をする。心臓を動かす。体温を維持する。など）

その次が、三大欲求と言われる、食欲、睡眠欲、性欲。

もっとも優先順位が低いのが、自分の意志の力を使った「～したい」。

さっきの例で言うと、息をしたい以外のすべて。やる気もここに入ります。

ここで、大事なことを言います！！！

やる気は、生命維持の欲求の前では、無力なのです。

これは、絶対です。

どんな方法を使っても、「息をする」を脳は優先させます。

何を言いたいのか？

もし、あなたが、体調が悪い、寒い、暑い、眠気を感じるなど、意志の力よりも強い生命維持の欲求、簡単に言うと体調に問題が生じていたら、

あなたの脳は問答無用で、

お金稼ぎたいから仕事？

出世したいから資格勉強?

ダメダメ、生命維持優先だから。体調を整えろ!

と行動の指示をするということです。

体調が悪いのに無理やり仕事をしたり、勉強をしても、頭がボーッとして集中できないのは、単に体調が悪いだけではなく、脳がそんなことやってないで体調整えることに集中しろ! という指示を出している証拠です。

ただし、このメカニズムを知ってしまえば、もう私たちは自由自在にいつでもやりたいことに「脳」を全力で向かわせることができますよね?

そう、私たちがつねに自分がやりたいことに行動力を発揮するためには、**つねに体調を万全な状態にしなければならない**のです。

この部分が万全じゃないと、脳はすぐに「やる気とか言ってないで、まず体調を整えろ」と集中力を削いできます。

ですから、いまいちパフォーマンスが発揮できないな、というときは、**「自分の体のコンディションに悪いところはないかを、確かめることが解決策」**になります。

思い切って身体を休めたり、マッサージなどでメンテナンスすることも「やる気の壁」を突破するうえでは重要な要素になってくるわけです。

脳の欲求の優先順位を知って、自分のやりたいことに「脳」を集中できる環境を整える。これが超一流の領域になります。

超一流の「やる気の壁」を越えるコツ

体調を整えないと、あなたの「脳」は味方になってくれない

28 すぐに存在を消さないといけない人間

人生をどん底へと突き落とす最大の敵の正体

自分のコンディションが乱れると、脳の優先順位が変わり、やる気どうこうの前に体の状態を整えることが優先されることが判明しました。

きっと、あなたにも思い当たる節があるのでは？

ですから、自分のやりたいことに集中したいのなら、コンディションを整えて、

私たちの脳に

「体調は問題ないから、やりたいことに集中してくれ」

と認識させなければなりません。

がしかし、体調不良よりももっと怖いものがあります。

本当に怖い。

なぜ、怖いかはすぐわかります。

恐怖です。

体調不良よりももっと怖いものの正体。

それは、**「心理的ストレス」**です。

なぜ、心理的ストレスが体のコンディション不良よりも怖いのか?

それは「慣れ」が関わってきます。

慣れが関わるとはどういうことなのか、簡単なたとえを出してみましょう。

コンディション不良として「長年の慢性的な肩こり」があるとしましょう。

確かにコンディション不良だけど、

「もう何年もつき合っているので、この状態に慣れてしまいました。なので、仕方がないと思って仕事をしています」

こんな人がいそうであることは想像できるのではないでしょうか？

我々は程度にもよりますが、多少の痛みなどには慣れてしまう習性があるのです。

しかし、**心理的ストレスにはこのような「慣れ」がない**のです。

これが、小さな心理的ストレスでも、甘くみていると、人生が変わらないどころか、私たちの人生をぶち壊すことにすらなってしまう理由です。

本当に恐ろしいことにつながってしまうのです。

全力で心理的ストレスを解決しろ

実際にここに注目すべき実験があります。
マウスにおける実験で、物理的なストレス（電気）には慣れがみられ、ストレスが継続して繰り返されると、ストレス反応が低減していくことが確認されました。
一方で、心理的ストレス（恐怖や不安）の場合は、
慣れるどころかストレス反応が増幅していくことが確認されたのです。

あなたの人生を守るために、もう一度言います。

心理的ストレス（恐怖や不安）の場合は、
慣れるどころかストレス反応が増幅していくことが確認されたのです。

心理的ストレスは小さくても増幅するんです!!

つまりは、程度にもよりますが、コンディション不良は慣れが生じる。しかし、心理的なストレスは最初は小さくても慣れることなく、増幅していくことさえある。

もっともパフォーマンスに影響を与えるのは、「心理的ストレス」であるということです。

身体的な不調はもちろんですが、「心理的なストレス」を感じたら、まずはそのことを取り除くことに時間を割くようにする。

それが、あなたが思い通りの人生を送れるようになるための、最短ルートになるのです。

それができれば、私たちの脳は自分のやりたいことに集中してくれるようになります。

たしかに、私も起業のコンサルティングを引き受けるか判断をするときに、いつも依頼者の方にこのような質問をしていました。

「起業することについて、パートナーの方のご理解はどうですか？」

この質問の答えが、「応援してくれています」という人しかコンサルティングをしないというのが私のなかでのルールなんです。

なぜなら、夫、妻、家族など身近な人に反対されているけど起業する。というのは「心理的ストレスを抱えて」のスタートになり、パフォーマンスが落ちてしまうからです。

そして、世のなかすべてがそうとは言いませんが、私が経験してきたなかでは、パートナーや家族の賛同を得られないまま起業した人でうまくいった人は見たことがありません。（偉人などは例外として）

それだけ、心理的ストレスというのは、自分の人生を変えるという場面にも強く影響するものなのです。

もちろん、言うまでもなく、心理的なストレスを感じる前に、そういうことが発生しない環境を整えること。自分と向き合う時間をつくって、表面化する前の段階で、自分はこんなことに心理的ストレスを感じているのかも？　と察知できるようになることも大切です。

超一流の「やる気の壁」を越えるコツ

何よりも心理的ストレスを取り除くことを最優先にする

29 超優秀になりたければ緊張感をうまく使え

自分を甘やかす人間のツマラナイ人生

過去の成功体験や、未来体験を思い出してみるけど、なかなか動けない。
行動はできているけど、もっとパフォーマンスを上げたい。
そんなときは、自分を甘やかすのをやめて、ちょっと怖めに接してあげましょう。
なぜなら、そんな状況のあなたに必要なのは、脳への「ストレス」だからです。
さぁ、ここからはあなたに少し厳しめの文章でいきますよ。
ストレスをかけるぞ。……というのは冗談なので安心して読み進めてください。

「ストレス」と聞くと、反射的に悪いものと思いがちですが、ここでの「ストレス」はパフォーマンスを上げてくれるストレスです。

言い換えれば、「緊張感」と言ってもいいかもしれません。

「良いストレス＝緊張感」は、神経科学の世界では記憶定着率や学習効果を高めてくれることがわかっています。

わかりやすいのが、提出物の期限です。

期限がある提出物は「期限」が迫ってくると、それがストレスとなり行動を促してくれるようになります。

夏休みの宿題を、最後の１週間で驚異的な集中力で終わらせたことがある。

という経験がある人なら、よくわかるのではないでしょうか。

もちろん、私もそのうちの１人です。

なんなのでしょう、あの夏休み最後の１週間の、いつもの自分とは思えない能力が覚醒したような感覚。

いつも思います。最初からやれよと（笑）。

ただ、期限というストレスが能力を覚醒させてくれていることはよくわかりますよね。

私もこれまで15万部を超えるベストセラーとなった書籍含めすべて執筆するときは、自分に適度なストレスをかけて執筆がはかどる仕掛けをしています。

これをするのとしないのとではパフォーマンスが大きく違ってくるのを実感しています。この方法はとても簡単かつ、すぐに能力が覚醒し、どんな場面でも使えるので、あなたにもご紹介しましょう！

これであなたも明日から能力の覚醒間違いなしです！

死のカウントダウン

私がどのようにして自分に適度なストレスを与えているのかというと、パソコンの隣に必ずタイマーを置き、「90分」からカウントダウンをスタートさせて執筆をしています。

それは、まるで死のカウントダウンのようにストレスを与えてきます。

視界のなかにはつねに時間がどんどん減っていくタイマーが見えるので、

「やばいやばい時間が減っていく！」

となって集中して取り組むことができるんです。

自分のパフォーマンスを上げるためだったり、自分自身を動かすために、これをやったら大好きな漫画を読んでいい、というようなご褒美を設定するやり方をする人が多いですが、**瞬間的に今の行動を促したいのなら、ストレスをかけるほうが効果的**です。

なぜなら、このプレゼン資料を仕上げたら漫画を読んでＯＫとご褒美を設定すると、頭のなかでは大好きな漫画を読んでいるという未来記憶ができあがってしまいます。

そうすると、どんどん漫画を読みたくなってしまい、作業の途中で、

「ちょっとだけなら……」

と誘惑に負けて漫画を読むという行動をしてしまうのです。

（これもある意味メカニズム通りなのですが……）

パフォーマンスを上げるための、ここでの正しい未来記憶の使い方は、

「プレゼンをして拍手喝采！

大型契約を獲得して上司からも同僚からも祝福されている自分」。

ご褒美設定は、誘惑の道へと行動を動かしてしまうので、それなら「今日中に仕上げられなかったら友だちにご飯をご馳走する」と友人にＬＩＮＥを送り、適度なストレスをかけたほうが、パフォーマンスＵＰにつながります。

超一流の「やる気の壁」を越えるコツ

ご褒美よりも「適度なストレス」を自分にかける

緊張感なし
やる気…
やる気…
スヤ…
イヤイヤ
これを
終わらせ
たら
漫画読んで
いいことにしよう
漫画…
緊張感あり
90:00
タイマーオン！
10:00
ヤバイ
ヤバイ
ヤバイ
カタカタ
カタカタ
00:10
できた！

30 やる気が出る「最大のご褒美」は人間関係

やる気は1人より2人のほうが倍増する？

ちょっとだけ衝撃的なことを言うと、ご褒美がないとやる気が出ないタイプの人には未来はなかったりします。（小さな声）

なぜなら……。

何かご褒美があるから、よし！　やろう！　と行動を起こすような、無理やり何かの刺激で出そうとするやる気（外発的動機）は長続きしないことが、さまざまな心理学の研究でわかっているからです。

やる気が長続きしないとなると、行動も続かないですから、やはり人生が変わるということにもならなそうです。

ですから、**出すなら「長続きするやる気」です!!**

長続きするやる気の正体は、この本でも伝えている通り、「現実」と「記憶」のギャップによって生まれるものです。（専門用語で「予測差分」と言います）

ギャップモチベーションによって生まれたやる気は、自分の内側から込み上げてくる「〇〇をしたい」という感情になります。

（これを心理学では「内発的動機」と言います）

ギャップモチベーションで生まれた「やる気」は心理学的には、強い部類のやる気で、長続きすることが明らかにされています。

じつは、この最強とも言える、ギャップモチベーションから生まれた「やる気」を発生しやすくする方法が、心理学の実験で明らかになっているんです。

その方法とは、**「人間関係」を整えること**です。

人間関係を整えると、やる気が整う

自分が能力を発揮したいと思う場所。

たとえば、仕事でのやる気を出したいのなら、職場、仕事関係で。

何かの資格試験の勉強をしたいのなら、資格試験の勉強に関わる人、もしくは勉強を応援してくれる人。

日常の自分を変えたいと思っているのなら、日常で関わる人たち。

そういった人たちとの「人間関係を整える」。

人間関係を整えるとはどういうことでしょうか？

ここで言う人間関係を整えるというのは、
そういった人たちとの絆であったり、
お互いを思いやる人間関係を構築すること。

を意味しています。

なぜなら、**人との絆、つながり、思いやりを感じるだけで、内発的動機、つまりは、ギャップモチベーションで生まれるやる気が、発生しやすくなることが、イギリスの精神分析学者ジョン・ボウルビィの研究でわかっているからです。**

たとえば、母親を頼れる存在だと絆を感じている子どもは、母親の愛情に不安を感じている子どもに比べて、いろんなことに自ら興味を持って、活発に動き回ることがわかっています。

温かく思いやりのある先生に指導してもらい、先生との絆を感じたクラスの生徒は、日常的に高いレベルでの内発的動機、つまりは、内側から湧き上がる「○○をしたい！」という気持ちが出ていることも科学的にわかっていたりします。

本書で紹介した方法で、ギャップモチベーションでやる気をつくり出し、かつ、そこに絆を感じられる人間関係が整っている。

これが最高の環境と言えるわけです。

人間関係を考えてみるだけで、忍耐力が50％増加する

この話をすると、

「うちの上司、職場の人たちは全然ダメ」

というような言葉が聞こえてきそうですね。

もちろん、そういった声も予想していますので、もう少しお付き合いください。

ポイントがあります。

それは、**人間関係を整えるのは必ずしも、あなたがやる気を出したいと思っている場所の人との良好な関係性じゃなくても大丈夫**だということです。

自分には支えてくれる人がいる。

何かあったら愚痴を聞いてくれる友だちがいる。

なんだかんだで実家に帰れば心配してくれる両親がいる。

など、**自分には頼れる人がいるんだ、と認識するだけでいい**のです。

なぜなら、スタンフォード大学の研究で、**何かに取り組むときに人は、人間関係を考えるだけで忍耐力が、そうではない人と比べて50％も増加する**ということが判明しているんです。

忍耐力が50％もＵＰするんです!!

忍耐力がＵＰするということは、行動を継続することができるようになるということです。

しかも、考えるだけでいいんですから、驚きですよね。

確かに、仕事が大変なときに家族の顔を思い浮かべたり、試験勉強をするときに両親のことを考えてみたりすると、ここからもうひと息がんばろう！　というパワーが湧いてきたりしますよね。

よくアメリカのドラマとか映画などで、オフィスのデスクに家族の写真が飾ってあったりしますが、あながちあれも間違いではないと言えます。

いまいち気持ちが乗ってこないなというときは、あなたの家族や友人、仲間の顔を思い浮かべてみてくださいね。

超一流の「やる気の壁」を越えるコツ

大切な人の顔を思い浮かべると「やる気」が続く

私は執筆中は、この本を読んでくれる読者さんのことを考えたり、執筆に集中できるように協力してくれる妻、実家で新刊を楽しみにしている両親のことを考えたりしています。

うん、さらにやる気が出てきました。

職場
よくやったね！
すげー
友
めちゃくちゃ
がんばってるね！
すごーーい!!
家
がんばってすごい！
大好き！
よし！
がんばるぞー！

最終章

すぐできる！「やる気の壁」突破トレーニング

「やる気の壁」を突破する「壁トレ」!!

最終章では、これまで見てきた「やる気の壁」を突破するテクニックを日常で使えるようにするためには、どんなことをすればいいのかをレベル別に解説していきます。

当たり前ですが、本書の内容をあなたが日常で実践しなければ、あなたが変わることも、あなたの人生が変わることもありえません。読んだだけで人生が変わってしまう、そんなおいしい話はないのです。

残念ながら……。

そんなことを願ってしまうのは、料理のレシピ本を買って読んだだけで、勝手に肉じゃがができあがっていないかな、というのを望むようなものです。

そんなことが起きたら、それは事件です。

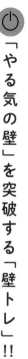

すぐに警察に通報してください。

自分を変えるのは、あなた自身です！

あなたが「動かなければ」人生が変わることはありません。

ただし、そのお手伝いをすることは、もちろん私にはできます！


この最終章では、あなたを変えるお手伝いをすべく、「やる気の壁」を突破するトレーニングをレベル別にお伝えしていきたいと思います。

「やる気の壁」突破トレーニング。

略して、**「壁トレ」**です！

レベル1からレベル9まであります。

あなたは、最後のレベル9までたどり着けるか⁉

LEVEL

1 体調を整える

レベル1は、まずあなたの「体調を整える」ことです。
なんだ、そんなことかと思うかもしれませんが、
本当にあなたの体調は万全ですか？

- 睡眠時間は十分に取れていますか？
- 肩こりや、腰が痛い、ということに慣れて放置していませんか？
- 毎日お酒を飲んで、何だか体が重い、と感じていませんか？
- 疲労を感じているのに、ただ寝るだけで、疲労を解消する努力をしていないのではないですか？

ちなみに、私は体の疲労を感じたらすぐにマッサージに行きます。

自分の体をよい状態に保つための自己投資は惜しみません。

なぜなら、体の状態は自分のやる気、パフォーマンスに直結することを知っているからです。

運動不足で体がなまっているなら、体を動かして汗をかき、リフレッシュする。

睡眠不足なら、早く寝る。

体の不調があるなら、マッサージや病院に行く。

お酒を飲み過ぎたら、お酒を飲むのをお休みする。

レベル1は、できていそうでつい後回しになっている、あなたの体調を整えることです。

あなたにとって必要な体調を整えるアクションはなんですか？

体調万全です!!

という人は、レベル2に進みましょう!!

LEVEL

2 電信柱の数を数える

レベル2は、なんと「いつも通る道の電信柱の数を数える」です。

この著者、最後の最後に血迷ったかと思うかもしれませんが、正気です。

警察には通報しないでください。

なぜ、「いつも通る道の電信柱の数を数える」ことが、やる気の壁を突破するトレーニングになるのか？

それは、これが**「いつも目にしているのに、気がついていないことに気がつけるようになる」トレーニングだから**です。

本書で述べた通り、私たちは多くのことを「見逃しています」。

いつも通る道を使って、**見逃していることに気がつける脳にするトレーニング**をするのです。

あなたのいつも通る道はどんな道でしょうか？

- 通勤経路
- 自宅から駅までの道
- いつも行くスーパー、コンビニまでの道
- お子さんの送り迎えをする道

ちなみに、今、この本を読んでいる時点で、そのいつも通る道に、何本電信柱があるか知っていますか？　わからないですよね。

電信柱の数を数えてみたら、花の数、木の数、コンビニの数、などとバリエーションを増やしていくと、これであなたは完全に人生を変えるチャンスをいつでも察知できる人になりますよ！

美女やイケメンを探して目で追っている場合ではありません。

電信柱の数を数えて、こんなところにもあったんだ！　という気づきを得た人から、レベル3に進みましょう！

LEVEL

3 「即」できた！のフィードバック3日間

レベル3は、自分に「『即』できた！ のフィードバック3日間」をする。です。

このトレーニングは、188ページでも紹介したCさんが実践して、自分を変える、人生を変えるには効果バツグンであることは、あなたも知っているはず。

自分に「即」できた！ のフィードバックとは、**自分が何か行動したら、そのすべてに対して「できた！ すごい！」と、自分で自分にフィードバックをする**ということです。

たとえば、仕事で、取引先にメールをしたら、メールを送った瞬間に、

「はい、メール送れた！ 俺ってすごい!!」という感じです。

朝、会社に出社したら、

「会社に出社した!! すごい!!」

電話対応をしたら、

「完璧な電話対応でした！　すごい!!」

のように、自分の1つ1つの行動に、できた！　すごい！　と認めてあげる言葉をかけます。

これを3日間やると、あなたはたちまち会社内で変な奴と思われるでしょう。

……ではなく、自信が芽生えはじめることになります。

そして、やる気も通常時よりも1・6倍増えますよ!!

なぜ、そんなことが言えるかというと、自分が何かしたときに「即」フィードバックがあると、なかった場合と比べて、1・6倍やる気が増えるという、科学的な研究結果があるからです。

レベル3も、とっても簡単です。

朝起きたら↓「朝起きれた！　すごい！」

朝ごはんをつくったら↓「朝ごはんつくれた！　すごい！」

お子さんを送り届けたら↓「子どもを送ることができた！　すごい！」

上司に相談したら↓「上司に相談できた！　すごい！」
経費精算をしたら↓「経費精算できた！　すごい！」
レベル3のトレーニングをしたら↓「レベル3のトレーニングできた！　すごい！」

これだけです。

ちなみに、私もこれを自宅の書斎で1人で仕事をしているときにやっています。盛り上がりすぎて、たまに「すごい！」だけではなく、自分で自分に対して拍手をすることがあります。

その後に、書斎を出てリビングに行くと、妻が、
「拍手が聞こえてきたけど、何があったの⁉」
と不思議な表情で聞いてくることもあるので、くれぐれもまわりの環境には気をつけてトレーニングしてくださいね。

このトレーニングをして変な目で見られたなどの苦情は、現在、弊社では受けつけておりません。

LEVEL

4 自分の仕事、職場への感謝のメッセージを探す

レベル4は、レベル3で周囲から変な目で見られることを乗り越えることができた人だけが到達できるステージです。

レベル4の壁トレは、「自分の仕事、職場への感謝のメッセージを探す」。

なぜ、これがレベル4の壁トレなのかというと、

私たちは「自分の仕事に誇りを持つと行動力が1・5倍になる」ことがわかっているからです。

行動力が1・5倍になるということは、やる気も1・5倍ということ。

とはいっても、自分が仕事中で感謝されたことなんてそんなにない、やっている仕事柄、あまり人から感謝されることってないんですよね、という人もいるかもしれません。

そんなときのポイントになるのが、**自分自身であったり、自分の職場、会社に対しての感謝のメッセージでいいということ。ここが究極のポイント**です。

たとえば、あなたがお客さまと接する機会が少ない建築現場で作業をしている人だとしましょう。

完成した建物を訪れる人、そこに入居する人から直接感謝されることは少ないかもしれません。

ただ、このレベル4の壁トレは、自分に対してではなく、自分が働いている会社や同業の人への感謝のメッセージを探すのでもOKです。

たとえば、自分にではなく、会社に寄せられている感謝のメッセージであったり、同業他社で、同じ建物をつくるという仕事をしている会社や、つくった建築物に対して、「素晴らしい建物をつくってくれてありがとうございます！」といったコメント。

こういったものを探すだけでOKです。

自分と同じ働きをしている人が称賛や感謝されていることを知ることで、私たちは自分の仕事や役割に誇りを持つようになり、行動力が1・5倍になるんです。

さっそく、あなたの仕事、会社、役割に対しての感謝のメッセージを探してみてくださいね。

LEVEL

5 最近連絡していない友だち3人に連絡をしてみる

さぁ、レベル5は、「最近連絡していない友だちに連絡をしてみる」です。

人によっては、ここでもしかしたら、ちょっとハードルが上がったな……。と感じる人もいるかもしれませんね。

でも、安心してください。

最近連絡していない友だちとは、もう何年も音信不通の友だちではなく、1週間程度で大丈夫です。

なんなら、友だちではなく、両親や兄弟姉妹でもOKです。

ここでのポイントは、**「人とのつながりを感じる」**です。

本文中にあった通り、私たちは人とのつながりを感じたり、大切な人の顔を思い出すだけで、パフォーマンスが上がったり、やる気が継続したりすることがわかっています。その実践編ですね！

さて、あなたと仲がいいけど、1週間以上連絡をしていないという人は、誰でしょうか？

●学生のときの同級生
●会社の同期
●お世話になった先輩や上司
●取引先で仲よくしてもらっている人
●前の職場で仲がよかった人
●コロナ前はよく一緒に行っていた飲み友だち　などなど。

そんな方々に連絡してみてください。

急になんて連絡していいかわからない⁇

仕方がないですね〜〜〜。

そんな方のために、〝こんなふうに連絡してみては？〟という文例をご紹介しましょう！

久しぶりの連絡文例集

「久しぶり！　元気にしてる⁇　最近、どうしているかなーと思って連絡してみた！」

「SNSの投稿みて、最近何しているのかなー？　と思って連絡してみたよ」

「（誕生日や何かの記念日だったら）おめでとうー！　久しぶりだけど元気してる？」

「（相手の住んでる場所に合わせて）大雨続いているみたいだけど、大丈夫？　気になって連絡してみたよ！」

などなど、いろんなバリエーションがありますよね。

さて、あなたは誰に連絡してみますか⁇

久しぶりに連絡する友だち3人に連絡してみましょう！

1日1人に連絡。これを3日連続でやってみてください！

あなたはレベル5をクリアできるでしょうか？

LEVEL 6 「初めてのお店に入る」を3回経験する

壁トレも、半分突破しましたね！

凄いです！！！！

ここからは、壁トレ・レベル6です。

レベル6は「初めてのお店に入る」です。

ランチでも、何かの買いものでも、カフェでもかまいません。

初めてのお店に入ってください。

ただし、レベル6の壁トレには条件があります。

それは、「チェーン店は除く」です。

なぜなら、このレベル6の壁トレの目的は、

「新しい選択をすることに慣れる」が目的だからです。

新しい選択をするというのは、小さい挑戦でもあります。

私たちは小さな挑戦をすると、自分自身の成長を感じます。

そして、自分自身の成長がポジティブな感情の種となり、やる気につながることがわかっているんです。

そう、ポイントは**小さな挑戦**なんです。

ランチで、「ここのお店入ったことないから、初めて入ってみよう！」というのは、小さな挑戦になります。

しかし、会社の近くのマクドナルドに入ったことないから、初めて入ってみよう！　は、もはや挑戦ではありません。

同じように、取引先の近くのセブン-イレブンに入ったことがないから入ってみよう、も挑戦ではありません。

なぜなら、店舗が違えど以前に入ったことがあるからです。

ここでは、**まったく新しい選択をすることができるようになる。**

というのが最大の目的です。

もし、あなたがこのレベル6の壁トレで最高の効果を得たいなら、入ろうとしている初めてのお店に入ることを考えたときに、「ちょっとドキドキするか？」を判断基準にしてみてください。

この初めてのドキドキに慣れると、信じられないくらい自分が変わりますよ！

このドキドキに慣れるために、レベル6は、「初めて入る」を3回経験すべし！としています。

もちろん、3回というのは同じお店を3回ではなく、初めて入るお店3店舗に行ってくださいね。という意味です！

あなたは壁トレ・レベル6をクリアできるかな⁉

1軒目
ラーメン神めん
ラーメン
営業中
初めてだけど入ってみよ！
ドキドキ
2軒目
神酒店
酒
今日はここ!!
ドキドキドキ
3軒目
WINE BAR GOD
ここにも挑戦!!!
※チェーン店は✕
GODコーヒー ○○店

LEVEL 7 妄想日記を1週間書く

いよいよ壁トレ・レベル7です。

レベル7は、「妄想日記を1週間書く」です。

そして、**レベル7の条件は手書きで書く**ということです。

妄想日記というのは、明日こんなふうになったらいいな。という、ある意味、未来の日記を書くということです。

これを書くことによって、
本書で紹介した未来記憶をつくりやすくなるトレーニングになります。

たとえば、あなたが自動車販売の営業の仕事をしていたとしましょう。

すると、明日の未来日記はこんな内容かもしれません。

○月×日△曜日

ぐっすり眠れて、目覚めもいい。いつもより、少し早く出社できたおかげで、1日の仕事の準備をいつもよりスムーズにできた。そのおかげで、午前中に予約が入っていた試乗のお客さまとの会話も盛り上がった。試乗だけで終わりかなと思っていたら、具体的に見積りもお願いしたいと言われて好感触!!　午前中、気分よく仕事ができたおかげで、午後の既存のお客さまの調子伺いの電話も気持ちよくできた。そのせいか、○○さんから今度発表になる新車の試乗の約束も取れていい1日だったな。気持ちよく仕事ができた日は、妻との晩酌もいつも以上に楽しい。なんて、充実した1日だろう!

こんな感じでしょうか?

この妄想日記を書く際のポイントがあります。

そして、これがレベル7の壁トレを突破するカギにもなります。

それは、妄想日記の内容は、

そうなる可能性はあるよね！　と思える内容であることです。

朝起きたら、宝くじ3億円が当たっていた！　とか、会社に出社したらビル・ゲイツから大量受注が入った！　というような、現実的にそれはさすがにありえないよね。と行きすぎた妄想よりも、それくらいのことならありえそう！　というレベルが、もっとも効果的です。

これを7日間手書きで続けると、未来を妄想する癖。

つまりは、**未来記憶をつくる癖がつくようになり、ギャップモチベーションを生み出せるようになります。**

私は明日の妄想をすることがもう癖になっていて、昨日も、明日1日で最終章書き上げちゃったら、凄い達成感で、その後の夕飯のときに、妻と飲むビールは達成感にあふれていておいしいだろうな〜！　と妄想していました。

そして、今日、その妄想通りになるように楽しみながらこの最終章を書いています！

さぁ、壁トレ・レベル7まで到達した人は、今日から妄想日記スタートです!!

LEVEL

8 自分で自分の目標を決めて小さくする

ついにあなたも壁トレ・レベル8まで来てしまいましたか！

やる気の壁を突破するのも時間の問題ですね。

そんなあなたへのレベル8の課題は、

「自分で自分の目標を決める」。そして、**「それを小さくする」**ということです。

本書をここまで読んで、完璧に、著者の私以上に本書の内容をマスターしたはずであるあなたなら「目標を持つこと」が、やる気をつくるうえで重要であることは、言うまでもないはずです。

「目標＝未来の姿」を設定しなければ、現実とのギャップが生まれません。

そして、ここでのポイントは2つです。

1つは、「自分で自分の目標を設定すること」。

自分の目標なんだから、自分で設定するのは当たり前と思うかもしれませんが、**じつはけっこう多くの人が、他人の目標を目指している場合が多いのです。**

「会社から」設定された目標。

「周囲から」の期待に合わせた目標。

自分で自分の目標を設定しようとすると、私たちは「記憶」をフル稼働させます。

どんなふうになったらうれしいかな、こんなふうにならないかな。という未来記憶。

前にこんなことをしたから、次はこうしたい。という過去記憶。

未来記憶と過去記憶をイメージすることで、よしやろう！　とギャップモチベーションで動き出すことができます。

しかしながら、**他人に目標を決められると、これらのギャップモチベーションを生み出すプロセスがすべてカットされてしまうんです。**

だから、自分の目標は自分で決めましょう。

そして、ポイントの2つ目。

ポイントの2つ目は、「目標を小さくすることです」
これは本書の項目12でお伝えした通り。
自分で設定した目標が大きいままだと、
実現しているイメージが湧かないパターンがあります。
設定した目標を小さくすることで、どんな行動をすればいいか明確になり、
その瞬間からあなたの人生が変わります。
壁トレ・レベル8までこれた猛者のあなたのために、
いくつか目標を小さくするパターンをご紹介しておきますね。

例1　自分で決めた目標「自分に自信を持つ」

どうなったら自分に自信が持てたかが曖昧なので、
「自分の意見をはっきりと言える」に目標を自分で決め直します。
最初から「自分の意見をはっきりと言える」はハードルが高いので、
難易度を下げます。（＝目標を小さくする）

目標を次のように小さくしました。

「自分の意見をはっきりと言える」
←
「仲のいい友だちにだけ、自分の意見を伝える」
←
「まずは、自分がどう思うのか意見を持つようにする」

例2　自分で決めた目標「子どもにイラッとして怒鳴らない自分になる」

急に毎回怒鳴らないようにするのはハードルが高いので、ハードルを低くします（＝目標を小さくする）

自分で決めた目標「子どもにイラッとしても怒鳴らない自分になる」
←

小さくした目標「月水金はイラッとしても怒鳴らない自分になる」

↓

さらに小さくした目標「月曜日と木曜日だけは怒鳴らない自分になる」

いかがでしょうか?

目標を小さくするというのは、

ハードルを下げて、少しずつ目標を達成していくということです。

壁トレ・レベル8まで到達したあなたなら、もうこんなの朝飯前ですよね!

自分で自分の目標を決めて、自分の人生を変える1歩を踏み出しましょう!

LEVEL

9 最初の1歩を踏み出す

いよいよ、あなたが「やる気の壁」を突破するときが来ました。
「やる気の壁」を突破する壁トレ・レベル9です。
レベル9が、あなたの人生が変わるすべての始まりになります。
壁トレ・レベル9は「最初の1歩を踏み出す」です。
レベル8で、自分で自分の目標を設定しました。
そして、その目標を小さくしました。
その小さな目標を実現するための、最初の1歩が何かを決めてください。
たとえば、レベル8の例で解説すると、

例1

「自分の意見をはっきりと言える」
↑
「仲のいい友だちにだけ、自分の意見を伝える」
↑
「まずは、自分がどう思うのか意見を持つようにする」

この小さな目標をクリアするための最初の1歩は、仕事で意見を求められたときに発言まではしなくても、手元に自分の意見をメモするようにする。

というのはいかがでしょうか?

これを「自分の意見をはっきり言える」なりたい自分の姿につながる1歩にするだけではなく、2歩目、3歩目につなげていきたいのなら、

●いつから始めるか?

●それを続ける期間はいつまでか？

●その次にはどんなアクションをするのか？

まで決めると、確実にあなたの日常は変わっていくでしょう。

この例であれば、

●いつから始めるか？

↓週明け出社した日から。

●それを続ける期間はいつまでか？

↓週明け出社した日から1ヵ月後の○月×日まで。

●その次にはどんなアクションをするのか？

↓次の小さな目標は「仲のいい友だちだけに自分の意見を言う」なので、Nさん、Mさん、Lさんとのやり取りのときだけは、自分の意見を伝えてみる。

という感じです！

あなたが自分で決めた目標を小さくしたことを達成するための最初の1歩は、どんなことですか？

そして、それはいつから始めますか？

いつまで続けるでしょうか？

そして、それができるようになったら、その次はどんなアクションをするでしょうか？

そして、そして、最終的にすべてが実現したら、あなたはどんな自分になっていますか？

あなたは、どんな人生を歩むことができているでしょう？

あなたのその1歩を、私は応援していますよ！

おわりに

もう、あなたは十分がんばっている

最後まで読んでいただきありがとうございます。

ここでは、最後の最後に、ここまで読んでくれたあなたにだけ、少しだけ恥ずかしい話をしたいと思います。

最後なので、ここからのメッセージをあなたに向けて、生の声で録音してみました。

声で聴いてもらってもいいですし、文字でこのまま読んでいただいても大丈夫です。（生声メッセージはこちらのＱＲコードから↓）

お好きなほうを選んでいただければと思います。

私は２０１１年10月に会社員から起業し、独立をしました。

星渉からあなたへの
「おわりに」
生声メッセージ

ありがたいことに２０２１年で起業10周年を迎えることができました。

ただ、じつは最初の10ヵ月間は無収入でしたし、
3年間は1日も休むことなく、睡眠時間も削りに削り毎日3時間睡眠の日々。

まさに**「必死に」がんばっていました。**

ただ、起業してから3年が経ち、4年目に入ったときに、
ふと「必死にがんばること」をもうやめようと思ったのです。

がんばれと言われて、必死にがんばる。

それでも、がんばりが足りないと言われる。

やる気があるのか？　とまで言われてしまう。

我慢して、耐えて、ベストを尽くすこと、一生懸命がんばることが正解だと思ってここまで来たけど、いつまでたっても幸せを感じられない。

本当に、この生き方で正しいのか？

本当に、このがんばり方で間違っていないのか？

と、そのときに立ち止まって考えてみたのです。

そして、そのときに出てきた答えが、

「目の前のことを必死にがんばること」をもうやめよう。ということでした。

がんばり方の軌道修正をしてから人生が変わった

「目の前のことを必死にがんばること」はとても素晴らしいことですし、誰にでもできることではないと思っています。そして、否定するつもりもありません。

ただし、1つだけ欠点があるんです。

それは何かというと、**目の前のことを必死にがんばることに追われてしまうと、「目の前のことしか考えられなくなってしまう」**ということです。

これでは、未来と今のギャップから生み出される
「ギャップモチベーション」を味方にすることができなくなってしまいます。

だから、私は「目の前のことを必死にがんばること」を手放して、
その代わりに「立ち止まる」ことを大切にするようにしました。

「立ち止まる」とは歩みを止める、成長を止めるという意味合いではありません。

なぜ、立ち止まるのかというと、**「自分の未来を見るために」立ち止まるんです。**

これから必要なのは、「がんばる力」ではなく「楽しむ力」

「目の前のことを必死にがんばる」をやめて、立ち止まり「自分の未来を見る」を大切にするようになると、不思議なことが起きました。

会社の売り上げが今まで以上に伸びて、

ファンの方からの感謝の声も届く数が増えたのです。

そして、毎日何かに追われていた気持ちが消えて、

いつしか、「毎日楽しい」という気持ちに変わっていったのです。

とくにやっている仕事の内容が、大きく変わったわけではないのに。

なぜ、そんなことが起きたのか？

その理由は、立ち止まって未来を見るようになったから。

そして、**今、自分の目の前のことが、自分のどんな未来につながっているのか？**

と考えられるようになったからです。

そうすると、**目の前のことを、必死にするのではなく、楽しめるようになりました。**

この瞬間、目の前の1つ1つのことが、**必死にがんばってこなさないといけない「タスク」から、「未来につながる楽しいこと！」に変わってしまったわけです。**

そこからは、もう、必死にがんばることも、我慢して何かやることも、何かに追われている感覚もどんどんなくなっていきました。

人生を変えるのに「絶対に大切にしないといけないモノ」

あなたにとって大切なものはなんでしょうか？
家族、仕事、思い出、思い入れがある何か、お金。
いろんな答えが出てくると思います。
ただ、どんな答えが出てきても、
もっとも大切なものは、私はたった1つだけだと思っています。
それは、何かというと、**「あなた自身」**です。
あなた自身がいなければ、その大切なものを手にすることも、守ることもできません。

仮に、大切なものがない。と思った人でも、あなた自身がいなければ、新しい大切なものを手にすることも、生み出すことも、探すこともできません。

だから、あなた自身が、自分のことを大切にしてあげる必要があるのです。

そして、**自分を大切にする。というのは、単純に自分に優しくするということではなく、私は、「今の自分を楽しむ」ということだと思います。**

今の自分のやることが、未来のどんな自分につながっているのか？

という視点で考えられると、今の自分を楽しむことができるようになるのです。

そして、そのためには、やはり「立ち止まり、未来を見ること」が何より大切になります。

それができるようになったら、あなた自身にも、私と同じような不思議なことが起こり始めるでしょう。

今まで、あなたがどんなにがんばってもできなかったことが、あっさり実現してしまったり、自分になかなか自信が持てなかったのに、自分に自信が生まれて、新しいことにチャレンジすることが楽しくなったりしていきます。
そして、あなたは思い通りの毎日を手に入れるようになるのです。
この本を読んでくれて、そしてここまでたどり着いてくれてありがとうございます。
あなたはもう、１００％新しい自分に変わる武器を手に入れたのです。

毎日あなたを応援することを約束します。

とはいっても、「自分１人で大丈夫かな。ときには落ち込んでしまうときや誰かに頼りたくなるときが出てきちゃうんじゃないかな」と思ったりもしますよね。
大丈夫です。そんなあなたの気持ちも、私は理解していますよ。
そのときに備えて、いや、そんなことにならないように、
いつでも私に相談できる公式ＬＩＮＥアカウントを準備しました。
しかもですね！
毎日30秒から1分の私の生声で、
今日のあなたを励ます音声メッセージが届くようにもしておきました！

下記のQRコードから私をLINEの友だちに追加していただくか、LINEの検索で「@wataruhoshiroom」で検索してみてください。最初にあなたに届く音声メッセージはどんなメッセージでしょうか？　楽しみにしていてくださいね。

ただし期間限定ですので、お早めに。

星渉にいつでも
相談できる
LINEアカウント

これで、もう安心ですね。

あなたは1人ではありませんから。

必要なのは、「必死にがんばること」ではなく、

立ち止まって「自分の未来を見ること」です。

そして、神モチベーションがあれば、あなたは今、この瞬間から自由になれるはずです。私が応援していますから安心してください。

最後になりましたが、『神メンタル「心が強い人」の人生は思い通り』出版後すぐに執筆のオファーをいただきながら、2年半も根気強く待ってくださったSBクリエイティブのみなさま、及び、担当編集の杉本かの子さんにお礼を申し上げます。

また、こうした実践的な内容を本に書くことができるのは、これまでの私の勉強会や講演会、講座に参加してくれたみなさんがいてくれたからです。この場を借りてお礼の言葉を伝えさせてください。ありがとうございます。そして、これからもよろしくお願いしますね。

そして、最後に、ここまで読んでくれたあなた。

毎日は、ちょっとしたことで大きく変わります。

その「ちょっとした違い」をあなたはこの本で手に入れたはずです。

ここからは、どんな毎日であったとしても、がんばるのをやめて、立ち止まり、未来を見て、今を楽しんでみるというテストをしてみる時間です。

テストですから、たとえうまくいかなくても、誰にも影響はありません。

まわりの目なんて気にすることもありません。

うまくいったらラッキーというくらいの気持ちでいいと思います。

むしろ、そのプロセスすら楽しんでしまいましょう。

もう、あなたは十分がんばっていますから。

少し、肩の力を抜いて、試してみるか！　くらいの気持ちで大丈夫ですよ。

未来の自分に目を向けて、1つ1つのことを楽しんで試していきましょう。

そして、そんなあなたと
「試してみました！」

「どうだった⁇」

とお会いしてお話しできる機会を楽しみにしていますね。

この本を通して、あなたと出会えて本当によかった。

そして、最後まで読んでいただき、ありがとうございました。

星　渉

参考文献

『神メンタル「心が強い人」の人生は思い通り』（星渉／KADOKAWA）
『神トーーク「伝え方しだい」で人生は思い通り』（星渉／KADOKAWA）
『99・9％は幸せの素人』（星渉・前野隆司／KADOKAWA）
『モチベーション3・0―持続する「やる気！《ドライブ！》」をいかに引き出すか』（ダニエル・ピンク 著／大前研一 訳／講談社）
『HAPPY STRESS―ストレスがあなたの脳を進化させる』（青砥瑞人／SBクリエイティブ）
『BRAIN DRIVEN―パフォーマンスが高まる脳の状態とは』（青砥瑞人／ディスカヴァー・トゥエンティワン）
『マインドセット―「やればできる！」の研究』（キャロル・S・ドゥエック 著／今西康子 訳／草思社）
『なぜ「やる気」は長続きしないのか』（デイヴィッド・デステノ 著／住友進 訳／白揚社）
『科学的に幸せになれる脳磨き』（岩崎一郎／サンマーク出版）

著者略歴

星 渉（ほし・わたる）

株式会社Rising Star代表取締役。1983年仙台市生まれ。大手企業で働いていたが、東日本大震災に岩手県で被災。生死を問われる経験を経て「もう自分の人生の時間はすべて好きなことに費やす」と決め、2011年に独立起業し、心理療法やNLP、認知心理学、脳科学を学び始める。それが原点となり、個人の起業家を対象に「心を科学的に鍛える」を中心に置いた独自のビジネス手法を構築。「好きな時に、好きな場所で、好きなシゴトをする個人を創る」をコンセプトに活動し、わずか5年間で講演会、勉強会には1万2000人以上が参加し、手がけたビジネスプロデュース事例、育成した起業家は623人にものぼる。ゼロの状態から起業する経営者の月収を、6カ月以内に最低 100万円以上にする成功確率は、日本ナンバーワンの91.3%を誇り、その再現性の高い、起業家のためのビジネスコンサルティング手法が各方面で話題となる。コンサルティングの申し込みは倍率92.1倍を記録。日本で数千人規模の講演会を実施し、シドニー、メルボルン、ニューヨークなどの海外で大規模なイベントを行い、グローバルに「好きな時に、好きな場所で、好きなシゴトをする個人を創る」ための活動をしている。『神メンタル』『神トーーク』（ともにKADOKAWA）が25万部突破のベストセラーに。著者累計は7冊で40万部を超える。

神《かみ》モチベーション

「やる気《き》」しだいで人生《じんせい》は思《おも》い通《どお》り

2021年12月22日　初版第1刷発行
2024年 4月11日　初版第8刷発行

著　者　星 渉
発行者　小川 淳
発行所　SBクリエイティブ株式会社
〒105-0001　東京都港区虎ノ門2-2-1
装　丁　菊池 祐
本文デザイン　高橋明香（おかっぱ製作所）
本文イラスト　村山宇希（ぽるか）
D T P　荒木香樹
編集担当　杉本かの子（SBクリエイティブ）
印刷・製本　三松堂株式会社

本書をお読みになったご意見・ご感想を
下記URL、またはQRコードよりお寄せください。

https://isbn2.sbcr.jp/03878/

落丁本、乱丁本は小社営業部にてお取り替えいたします。定価はカバーに記載されております。本書の内容に関するご質問等は、小社学芸書籍編集部まで必ず書面にてご連絡いただきますようお願いいたします。

ISBN978-4-8156-0387-8